Helio Jaguaribe

BRASIL:

ALTERNATIVAS E SAÍDA

Helio Jaguaribe

BRASIL: ALTERNATIVAS E SAÍDA

PAZ E TERRA

© by Helio Jaguaribe

CIP — Brasil. Catalogação-na-fonte
Sindicato Nacional dos Editores de Livros, RJ.

J24b

Jaguaribe, Helio, 1923-
Brasil : Alternativas e Saída
Helio Jaguaribe. — São Paulo : Paz e Terra, 2002

ISBN 85-219-0571-8

1. Brasil — Política econômica. 2. Brasil — Condições econômicas. 3. Brasil — Condinções sociais. 4. América Latina — Relações — América do Sul. 5. América do Sul — Relações — América Latina. 6. Política internacional. I. Título.

02-1970
CDD 330.981
CDU 338.1(81)

000353

EDITORA PAZ E TERRA S/A
Rua do Triunfo, 177
Santa Ifigênia, São Paulo, SP — CEP 01212-010
Tel.: (011) 3337-8399
Rua General Venâncio Flores, 305 — Sala 904
Rio de Janeiro, RJ — CEP 22441-090
Tel.: (021) 2512-8744
E-mail:vendas@pazeterra.com.br
Home Page: www.pazeterra.com.br

2002
Impresso no Brasil / Printed in Brazil

ÍNDICE

APRESENTAÇÃO

I. BRASIL E MUNDO ANTE O SÉCULO XXI

1. INTRODUÇÃO 9

2. SISTEMA INTERNACIONAL
   - As grandes alternativas 10
   - Crescente unilateralismo 12
   - Pax Americana 13
   - Tendência à multipolaridade 14
   - Império americano 16
   - Constrangimentos domésticos 20
   - Pax Universalis 22

3. SOCIEDADE DE MASSAS E CIVILIZAÇÃO PLANETÁRIA
   - Consumismo intransitivo 24
   - Problema da auto-sustentabilidade 27
   - Civilização Planetária 29

4. ALTERNATIVAS DO BRASIL
   - Semiprovíncia 31
   - O que está em jogo 33
   - Prazos e metas 37
   - ALCA 39
   - Brasil fora da ALCA 41
   - Requisitos fundamentais 45
   - Contribuição brasileira 50

II. AMÉRICA DO SUL E AMÉRICA LATINA
- Problemática 53
- Círculo econômico 54
- Círculo cultural 59
- Círculo político 62
- Peculiaridade mexicana 66

III. DEFESA NACIONAL

1. INTRODUÇÃO 69

2. O GRANDE DESAFIO 71
   - Riscos não-militares 71
   - Alternativas do Brasil 73
   - Medidas domésticas 76
   - Medidas internacionas 79

3. FORÇAS ARMADAS 82

IV. UMA SAÍDA PARA O BRASIL
- Crise do modelo 87
- Solução ortodoxa 90
- Solução heterodoxa 90
- Alternativas 92
- Novo modelo 95

APRESENTAÇÃO

Este pequeno volume contém quatro recentes estudos meus, abordando temas que reputo de extrema relevância para o Brasil. Embora dois deles tratem de questões que se projetam sobre o longo prazo, como os problemas relacionados com o século XXI ou que dizem respeito à posição da América do Sul, no contexto da América Latina, os quatro se revestem de grande urgência, porque o apropriado equacionamento desses problemas terá de ser iniciado pelo novo governo, a partir de 2003.

Foi atendendo a esse sentido de urgência que empreendi estes estudos e me dispus a publicá-los, numa pequena brochura, ainda no exercício de 2002, antes de se iniciar o novo governo. É reconhecidamente muito pequena, senão nula, a influência que livros como este, com raras exceções, venham a exercer sobre o rumo dos acontecimentos. Para o intelectual engajado, entretanto, o que mais importa, ademais da influência que seus escritos possam exercer, é o fato de haver oportunamente diagnosticado os problemas com que se defronta seu país e ter intentado dar-lhes solução.

Rio de Janeiro, outubro de 2002
Helio Jaguaribe

I

BRASIL E MUNDO ANTE O SÉCULO XXI

1. INTRODUÇÃO

O presente estudo visa a discutir, sucintamente, as alternativas e os mais prováveis cenários com que tenderá a se confrontar o Brasil, no curso deste incipiente século XXI. Intentar-se-á, por um lado, identificar as mais prováveis tendências evolutivas do sistema internacional. Por outro lado, as alternativas com que se defronta a atual sociedade tecnológica consumista de massas e a tendência à gradual formação de uma Civilização Planetária. Finalmente, procurar-se-á estimar as alternativas com se que confrontará o Brasil, no curso deste século.

A discussão da problemática precedentemente mencionada, para ocorrências que se prolongarão por todo este século, submetidas a uma infinidade de variáveis e de alternativas, resultaria impraticável se não se adotar, heuristicamente, grandes simplificações. Essas são concernentes, principalmente, a três ordens de questões relativamente: (1) ao sistema internacional; (2) ao curso que venha a ser tomado pela atual sociedade tecnológica consumista de massas e pela tendencialmente emergente Civilização Planetária e, (3) ao curso que venha a ser seguido e às opções que venham a ser adotadas pelo Brasil.

2. SISTEMA INTERNACIONAL

As grandes alternativas

No que se refere ao sistema internacional o que está em jogo, desde a implosão da União Soviética em 1991, é a natureza da nova ordem mundial que venha a suceder o regime bipolar que prevaleceu no curso da segunda metade do século xx. A esse respeito, as simplificações adotadas neste estudo consistem em reduzir a três alternativas básicas o futuro curso do sistema internacional. A primeira consiste em se supor que a atual predominância dos EUA, como única superpotência remanescente, venha a se consolidar e universalizar, gerando uma *Pax Americana* por longa e indefinida duração. A alternativa oposta consiste em inferir que relevantes desenvolvimentos já observáveis na China, que começam a ocorrer na Rússia e que poderão se dar na União Européia ou, pelo menos, em importante setor da mesma, bem como possíveis incrementos da margem de poder da Índia e do Brasil – este último no âmbito de Mercosul e de um sistema sul-americano de cooperação e livre comércio – poderão conduzir à formação de diversos centros autônomos de poder mundial, gerando uma ordem mundial multipolar.

Esta, por sua vez, poderá conduzir a uma perigosa bipolarização de coalizões, tendo os Estados Unidos, de um lado, e de outro, uma sob predominante liderança chinesa. Uma nova bipolarização desse gênero poderá desfechar, ainda que indeliberadamente, uma suicida confrontação nuclear, gerando um cenário de Apocalipse. Mas também poderá ocorrer, o que parece mais provável, que a nova multipolaridade, com ou sem nova bipolarização, seja compelida, pela inviabilidade de uma solução militar, a um novo longo regime de coexistência antagônica. Tal regime, como ocorreu no curso do antagonismo americano-soviético, poderá eventualmente levar a uma nova unipolaridade, pela autodegradação de um dos pólos de poder. Mas poderá também, mais provavelmente, produzir uma gradual institucionalização da coexistência antagônica, convertendo-a em uma paz de vigilâncias recíprocas e, finalmente, em uma *Pax Universalis*, como na previsão de Kant.

A alternativa da consolidação e expansão do predomínio americano, convertendo-o numa ampla hegemonia mundial, é uma possibilidade em andamento, desde o colapso da União Soviética em 1991, que deixou os EUA como única superpotência remanescente. Essa possibilidade, até recentemente, não foi conduzida a seu possível desfecho por uma combinação de fatores restritivos, de ordem interna e externa. Os fatores de ordem interna dizem respeito às instituições e à cultura americanas. Instituições democráticas não são favoráveis ao exercício de uma política imperialista pelo país a elas submetido. Os imperialismos, do Assírio ou Romano ao Britânico, foram exercidos por regimes autoritários. É interessante observar, no caso britânico, que o Império Britânico se constituiu, a partir do século XVIII, quando a Inglaterra era uma democracia aristocrática autoritária. Esse Império se tornou mais difícil de dirigir na medida em que, com Gladstone, a Grã Bretanha se tornou uma democracia de classe média. Com Attlee e o *Labour Party* o Império se dissolveu e sua peça central, a Índia, se tornou um país independente. Acrescente-se, no caso dos EUA, que o povo americano, opostamente, por exemplo, ao que ocorria com o povo romano, não está disposto a arcar com sacrifícios pessoais ou financeiros para sustentar uma aventura imperial.

Ademais das restrições internas, um projeto imperial americano conta com significativas resistências externas, por parte de potências européias como França e Alemanha, de países como China ou Rússia, do mundo islâmico e de outros países, a que se agregam as restrições decorrentes do direito internacional e das Nações Unidas.

Dentro dessa conjuntura, em que se confrontam desígnios imperiais, por parte da elite de poder americano[1], com resistências como as precedentemente mencionadas, os Estados Unidos foram conduzidos a uma situação que Samuel Huntington denominou de "unimultipolaridade". Com este termo ele quis indicar o fato de que os Estados Unidos detêm decisivos elementos de unipolaridade, mas se acham submetidos a contenções diversas, provenientes de remanescentes elementos multipolares.

Crescente unilateralismo

Essa posição americana experimentou, sob a presidência do segundo Bush, significativas modificações. Por um lado, ainda sob o primeiro Bush, a Guerra do Golfo, em completo contraste com a antiga Guerra do Vietnã, demonstrou a possibilidade, por parte dos EUA, de infligir, mediante irresistíveis ataques aeroespaciais, e sem significativas resistências por parte da comunidade internacional, danos insuportáveis a qualquer país sem, praticamente, perdas de vida por parte dos americanos. Por outro lado, os ataques terroristas a Nova York e Washington de 11 de setembro de 2001, ademais de suscitarem compreensível repulsa mundial, mobilizaram profunda indignação na opinião pública americana e geral determinação de punir seus responsáveis e erradicar, militarmente, se necessário, os centros de terrorismo internacional, onde quer que se encontrem.

Ante as novas condições decorrentes das circunstâncias precedentemente mencionadas a elite de poder americana e o novo presidente Bush se viram, subitamente, capacitados a exercer, unilateralmente, em exclusiva função do modo pelo qual interpretem as necessidades de segurança dos Estados Unidos, as intervenções que desejarem em amplas regiões do mundo valendo-se, para esse

---

[1] Por elite de poder entende-se, de modo mais amplo, o que Eisenhower designou de "complexo industrial-militar".

efeito, da incontrastável supremacia bélica dos Estados Unidos. A posição de "unimultipolaridade" americana se converteu em uma hegemonia quase mundial. Uma hegemonia que ainda não pode ser classificada como plenamente mundial porque, de um lado, continua se deparando com modalidades satisfatoriamente eficazes de resistência, por parte da China e, em menor escala, da Rússia e de países europeus. E em parte porque a opinião pública americana, embora apoiando um amplo intervencionismo mundial dos EUA, continua requerendo, para um ataque militar a outro país, o aval das Nações Unidas ou, pelo menos, das principais potências européias.

Independentemente de circunstâncias de curto prazo, a posição mundial dos Estados Unidos tenderá a se definir no curso das próximas décadas. Sua atual semi-hegemonia mundial representa uma situação instável. Ou bem virá a se consolidar em uma incontrastável hegemonia mundial, gerando uma longa *Pax Americana*, ou bem a formação, no curso da primeira metade do século, de centros alternativos de poder, como os precedentemente mencionados, conduzirá o mundo a um regime multipolar.

Pax Americana

A hipótese de consolidação da hegemonia americana tem a seu favor o crescente predomínio exercido no mundo pelos EUA. O processo de globalização, embora não engendrado pelos Estados Unidos ou por qualquer outro país ou grupo econômico, por ser uma decorrência do progresso tecnológico e da transição do capitalismo internacional de sua precedente fase industrial para a financeira e informática, constitui, na prática, um processo de americanização do mundo. O domínio dos meios de comunicação, do cinema à televisão e às agências de notícias, estão universalizando a cultura americana, particularmente junto à juventude, por sua dimensão "pop", assim como seus valores e sua perspectiva técnico-consumista do mundo. Por outro lado, os meios de intervenção aeroespacial em amplas áreas do mundo, sem riscos diretos ou indiretos, legitimados pelo unilateralismo da defesa nacional, submetem o mundo ao controle militar dos EUA, gerando modalidades de autolegitimação que constituem um dos requisitos de uma hegemonia imperial.

Tendência à multipolaridade

São consideráveis, por outro lado, os fatores que se opõem a uma incontrastável *Pax Americana*. Três desses fatores se revestem de particular relevância: (1) a emergência de novos centros autônomos de poder mundial; (2) o conflito entre a modalidade americana de regulação das áreas sob sua dependência e o interesse das populações locais e (3) a persistente incompatibilidade entre o projeto imperial da elite de poder americana e as instituições e valores culturais daquele país.

Já foram precedentemente mencionados esses novos centros emergentes de poder mundial. A respeito dos mesmos importaria aduzir breves qualificações. No tocante à China, principal candidata à possibilidade de atingir um nível de equipolência com os EUA até meados do século, é preciso se ter em conta que essa possibilidade depende da medida em que o país mantenha, por várias décadas, um crescimento econômico muito elevado, ora da ordem de 7% ao ano. As precedentes experiências da União Soviética, com Stalin e depois dele, mostraram como se enganaram os que acreditaram que se manteriam, a longo prazo, as altas taxas de crescimento obtidas com os primeiros planos qüinqüenais. Acrescente-se que o governo chinês, além de preservar a longo prazo seu acelerado ritmo de desenvolvimento, terá de administrar uma sociedade cada vez mais complexa, menos regulável por via autoritária, que manifestará crescentes demandas de consumo e de lazer. Guardadas as diferenças de regime e de condições socioculturais, semelhantes reservas são aplicáveis ao caso da Rússia e às expectativas de Vladimir Putin de orientá-la para, a longo prazo, reconquistar a condição de superpotência.

De natureza distinta são as observações que caberia fazer relativamente à formação, na Europa, de um sistema europeu que se configurasse, no sistema internacional, como um poder autônomo. Defronta-se a Europa, presentemente, no que se diz respeito a sua atuação internacional, com um duplo problema. Por um lado, os quinze atuais membros da UE estão profundamente divididos no que se refere ao papel da Europa no mundo e ao próprio significado de sua União. Os britânicos, com apoio dos nórdicos e em ampla medida dos holandeses, desejam uma União Européia exclusivamente econômica, mantendo-se, internamente, a mais ampla independência política dos membros e, externamente, a mais estreita aliança com os Estados Unidos. A Europa latino-germânica[2], diversamente, pretende alcançar maior integração política e exercer um papel independente no mundo, com uma política externa e de defesa própria. Por outro lado, é difícil se prever como se comportará a UE depois de incorporar os países que se candidatam a nela ingressar. O que será uma Europa com 30 membros? Como poderá manter satisfatória e estável unidade operacional em matéria de política externa e de defesa?

Na verdade, dentro de uma elevada margem de imprevisibilidade, a emergência ou não, na Europa, de um grupo de países que assuma uma política externa e de defesa comum, na linha franco-alemã, dependerá de como evolua o sistema internacional, no curso das próximas décadas. Pode ocorrer que a tendência à formação de uma hegemonia mundial americana suscite uma reação autonomizante por parte da Europa latino-germânica. Essa tendência autonomizante poderá ser reforçada na medida em que emerjam novos centros de poder, como Rússia e China, induzindo os europeus a formar, eles próprios,

---

[2] As posições a esse respeito, nos países latinos e germânicos da Europa, são influenciadas pelas alternativas de poder entre esquerda – autonomizante e direita – pró-americana. Na França e na Alemanha, todavia, predomina a tendência "europeísta" e esses são os países que formam o núcleo do que neste estudo se designa de Europa latino-germânica.

também um centro de poder. Opostamente, o risco de uma coligação anti-americana no mundo poderá conduzir os europeus, em defesa dos interesses e valores ocidentais, a estreitar sua aliança com os EUA. Pode ocorrer, finalmente que uma consolidação da hegemonia americana leve os europeus a uma atitude de retraimento internacional, protegendo seus interesses na "fortaleza Europa", mas desistindo de um protagonismo internacional autônomo. Países como Índia e como poderá, eventualmente, ser o caso de um Brasil desenvolvido, no âmbito de Mercosul e de ALCSA, não disporão, isoladamente, de condições de protagonismo internacional independente se, concomitantemente, não se formarem outros centros de poder.

Império americano

Uma importante variável, no que se refere à possibilidade de consolidação de uma hegemonia mundial americana, diz respeito à natureza do "império americano" e da forma pela qual os Estados Unidos condicionam as áreas sob seu predomínio ou controle.

O "império americano" é distinto dos impérios tradicionais, do Romano ao Britânico. Com efeito, as áreas do mundo mais significativamente submetidas à predominância ou ao controle dos Estados Unidos como ocorre, em graus variáveis, de um lado, com os países de colonização anglo-saxônica[3] – Canadá, Austrália, Nova Zelândia – e, de outro lado, com a América Latina e diversos países asiáticos e africanos, não estão submetidos, como a Índia britânica, à direta administração dos Estados Unidos, mas conservam os aspectos formais de sua soberania e margens variáveis de autogoverno. O que caracteriza o "império americano" é o fato de não ser, propriamente, um império e sim um campo, no sentido em que falamos de "campo magnético" ou "campo gravitacional".

---

[3] Nesses países a identidade étnico-cultural os leva a se considerarem, em nível mais baixo, sócios da *Pax Americana*.

O campo de predominância dos Estados Unidos se caracteriza pelo fato de compreender um amplo conjunto de países que, embora conservando sua soberania formal – hino, bandeira, exércitos de parada, eleição de seus dirigentes, quando democráticos – estão submetidos a um conjunto de poderosos constrangimentos – econômicos, financeiros, tecnológicos, culturais e políticos – de tal sorte que seus dirigentes são compelidos, ainda quando não o desejem, a seguir uma orientação compatível com a que lhes prescrevam os principais interesses americanos. Estes, no topo do processo, se exprimem por injunções do governo americano. Correntemente, exprimem os interesses do capital financeiro e das multinacionais, exercidos no âmbito do processo de globalização mas, efetiva e predominantemente, representando os interesses corporativos americanos.

O grande contraste entre o "império americano" e o Império Romano consiste no fato de que este, depois de uma fase violenta de conquista militar e de apropriação, pelos vitoriosos, de um grande botim de guerra (os generais romanos não tinham salário mas direito à parte que escolhessem dos botins de guerra) se seguia uma fase de ordenação legal, racional e basicamente eqüitativa, dos territórios conquistados e seus respectivos povos. Implantava-se o *jus gentium*, sob a administração do *praetor peregrinus*, por força dos quais os cidadãos das províncias romanizadas tinha seus direitos respeitados e livre trânsito pelo império. Depois do édito de Caracala (212 aD.), todos os cidadãos das províncias se tornaram cidadãos romanos.

O "império americano", distintamente, não visa ao controle direto de suas "províncias" mas sim a nelas impor, em graus variáveis de ordenação, o atendimento dos principais interesses americanos. Estes, fundamentalmente, podem ser reduzidos a duas exigências: (1) preservação, por parte dos EUA, de seu monopólio atômico e incontrastável predomínio militar e (2) livre acesso das empresas americanas aos mercados "provincianos", gozando de igualdade de direitos e facilidades com as empresas locais. Como recurso extremo, os Estados

Unidos se reservam, unilateralmente, a faculdade de intervir militarmente onde lhes pareça necessário, como nos casos de Noriega, no Panamá e de Grenada de Maurice Bishop (1979), ou, encobertamente, com Castillo Armas, no caso de Guatemala de Arbenz Gusman (1954). Esse mesmo unilateralismo bélico foi recentemente exibido pelo presidente Bush no caso do Iraque de Saddam Hussein.

A diferença entre o Império Romano e o "império americano", decorrente da natureza de ambos, consiste no fato de que, passada a fase violenta e expropriatória da conquista, as províncias romanas eram submetidas a uma administração racional e basicamente eqüitativa, que as levou, no curso da história, a aderirem ao império, com a única importante exceção, depois de Augusto, do caso da Judea. O último bastião do decadente Império Romano do Ocidente foi o enclave de Syagrius, que manteve na Gália, até 486, com o apoio local, a autoridade romana, dez anos depois de ela ter definitivamente colapsado em Roma, em 476.

Distintamente, o "império americano" não visa a assegurar uma racional e basicamente eqüitativa administração de suas "províncias". Visa apenas a nelas impor a predominância de seus interesses básicos, a que se fez precedente referência. Essa orientação conduz, na prática, a medidas que prescrevem uma orientação neoliberal às "províncias" do "império", com decorrências que variam conforme as características de cada caso. Países de pequenas dimensões e população, como no caso das cidade-estado asiáticas, Costa Rica, na América Latina e, mais qualificadamente, Chile, tendem a ter resultados positivos, porque dada a existência de uma restrita população, os excedentes gerados pela economia neoliberal são suficientes para compensar o desemprego – como nos casos típicos do Kuwait e de Singapura – embora menos efetivamente no caso do Chile. Formosa e Coréia do Sul, com populações relativamente grandes (22 e 47 milhões) são casos especiais porque, constituindo o principal instrumento americano de contenção e provocação de, respectivamente, China e Coréia do Norte, assim recebem, sob múltiplas formas, grandes subsídios dos EUA.

Nos países de grandes populações, como nos casos extremos de Indonésia e Paquistão e, em larga medida México e Brasil – embora este último seja uma "província não consolidada" – os efeitos do "império americano" são nitidamente negativos. Dada a contiguidade geográfica e a imensa fronteira terrestre com os EUA, o caso de México é mais complexo que os demais porque permite uma importante dinamização da economia na larga zona fronteiriça, com significativo incremento do PIB e da capacidade de exportação do país, sem lograr, todavia, imprimir-lhe um apreciável desenvolvimento nacional e transmitir, para o conjunto da sociedade, a relativa prosperidade da região nortenha.

Os resultados da "administração provinciana", nos países de grandes populações, foram extremamente negativos, incrementando o desemprego e a dependência do sistema financeiro internacional, conduzindo, no limite, como ocorreu com a Argentina, ao colapso da economia nacional.

A última década do século XX tornou patente, para a grande maioria das "províncias" do "império americano", a falácia da prosperidade prometida em troca da aceitação da hegemonia americana e de seu receituário neoliberal. Isto não obstante e salvo em casos de extremo malogro, como o ocorrido na Argentina, as elites financeiras das "províncias" e seus setores mais vinculados às multinacionais, desde os representantes e dependentes destas, até a mídia, submetida a poderosos controles, por via da publicidade e por outros meios, intentam, em nome do equilíbrio financeiro e da necessidade de atração de capitais estrangeiros, manter a orientação neoliberal da economia e, através dela, os vínculos de dependência para com a metrópole imperial.

Está em jogo, nessas áreas, uma importante confrontação entre as aspirações populares e nacionais, que desejam recuperar um destino autônomo para seus respectivos países e, por outro lado, a pressão exercida, com explícita ou implícita interferência de Washington, pelo sistema financeiro internacional e pelas multinacionais, apoiados por seu prático controle, nas "províncias", da mídia e dos meios locais de comunicação.

Contrastando com o Império Romano, que perdurou no curso do largo tempo em que a *Pax Romana* era favorável às províncias, até as crises da fase de decadência, o "império americano" não conta com o apoio de suas "províncias", pelos efeitos predominantemente desfavoráveis que nelas produz. Tal circunstância, a despeito da atuação pró-império dos setores precedentemente mencionados, priva o sistema de estabilidade e constitui um obstáculo a que se consolide e perpetue, à semelhança da Romana, uma *Pax Americana*.

Constrangimentos domésticos

Como precedentemente se mencionou uma desinibida atuação imperial, por parte dos Estados Unidos, é significativamente contida por constrangimentos domésticos. O povo americano deseja preservar sua supremacia mundial, militar e econômico-tecnologicamente. Mas não aspira ao exercício de um poder imperial. Por um lado, a cultura americana e sua ética, predominantemente protestante, com substanciais ingredientes calvinistas, conduz a uma ideologia da liberdade individual, de caráter universalista, infensa às formas autoritárias de imposição do poder. O ideal democrático, ademais de profundamente enraizado na sociedade, impregna a visão americana do mundo e não é compatível com um projeto imperial.

Por outro lado, as instituições democráticas americanas tampouco são operacionalmente compatíveis com a formação e manutenção de um império mundial. Na verdade, desde a Antigüidade oriental, passando pela grande experiência do Império Romano, até os impérios modernos, culminando com o britânico, todos os impérios ocorridos na história se caracterizaram por sua direção autoritária. Já foi precedentemente assinalado o significativo fato de o Império Britânico não ter resistido, domesticamente, à gradual conversão da Inglaterra de uma democracia aristocrática autoritária em uma democracia de classe média, que desemboca numa democracia de massas, com o *Labour Party* e o *Welfare State*.

No caso dos Estados Unidos, agregam-se, aos constrangimentos culturais e institucionais, os decorrentes da falta de disposição, por parte do povo americano, de arcar com os sacrifícios financeiros e pessoais requeridos para execução de um projeto imperial. O Império Romano persistiu durante largo tempo enquanto, entre outras condições, a plebe romana se dispunha a integrar as legiões e se regozijava com a captura de botins e de escravos imposta pelas vitórias romanas.

Por outro lado, contrastando com a insensibilidade romana relativamente aos sofrimentos impostos aos "bárbaros" – dos quais, aliás, só se tinha informações indiretas – a sensibilidade americana não tolerou o espetáculo, trazido ao vivo pela televisão, de aldeias vietnamitas destruídas por bombardeios americanos. A indignação nacional suscitada pela imagem, transmitida pela televisão, de uma menina vietnamita nua, fugindo apavorada de um bombardeio de Napalm, foi decisiva no sentido de levar a opinião pública a se mobilizar contra a continuação da guerra. A partir da oposição dos estudantes de Berkley, uma verdadeira insurreição popular forçou o governo a se retirar do Vietnã, o que conduziu aos acordos de Paris de 1973, com a decorrente futura vitória do Vietcong, em 1975.

Os constrangimentos para intervenções militares no exterior, entretanto, foram em ampla medida contornados pela elite de poder americana mediante a nova estratégia exitosamente adotada na Guerra do Golfo. Esta guerra, no seu desencadeamento, foi legitimada por um mandado do Conselho de Segurança das N.U. Na sua execução, o emprego de devastadores bombardeios por mísseis e aviões fora do alcance das baterias antiaéreas, eliminando, praticamente, baixas americanas, destruiu as forças iraquianas, forçando a capitulação do país. Com a nova estratégia foram eliminadas as objeções da opinião pública a perdas de vidas americanas. Subsistiram resistências ético-legalistas à possibilidade do desencadeamento de uma guerra por deliberação unilateral do governo americano. Exige-se que uma agressão militar americana seja legitimada pelo Conselho de Segurança das N.U. ou, pelo menos, pelo endosso de países europeus respeitáveis. Dispõe o governo americano, todavia, de condições para demonizar, perante a opinião pública, os adversários que pretenda destruir, como Saddam Hussein, convertendo "guerras preventivas" em medidas de defesa da segurança nacional. Dentro dessas condições, as resistências domésticas ao imperialismo americano se tornam superáveis. A possível contenção, nas presentes condições do mundo, de uma manifesta atuação imperialista por parte dos EUA, fica assim restrita às inibições morais que lhe possa opor a opinião pública internacional, notadamente a européia e a que se exprima através das Nações Unidas.

Pax Universalis

A alternativa de o mundo, a longo prazo, ser conduzido a uma *Pax Universalis* tem a seu favor a inerente atratividade dessa condição, a despeito de essa alternativa parecer muito remota, considerada a partir de fins de 2002. Mais que tal atratividade, entretanto, dá-se que, a muito longo prazo, um regime de *Pax Universalis* tende a ser inevitável, se o mundo não sucumbir a um desfecho apocalíptico.

Com efeito, a instituição de um regime mundial suficientemente racional para ser compatível com as necessidades de uma sociedade tecnológica de massas, tendente à formação de uma Civilização Planetária e, por outro lado, satisfatoriamente eqüitativo, de sorte a dispor de suficiente estabilidade interna, constitui algo que tende necessariamente a ocorrer, quer pela final estabilização e institucionalização de um sistema mundial multipolar, que possa vir a se constituir em meados deste século, quer, no longo prazo, pela inevitável evolução interna de uma durável *Pax Americana*.

Se uma durável *Pax Americana* vier a se constituir, seja quando e como tal evento ocorra, uma das conseqüências, a longo prazo, desse regime, será a internalização, dentro do sistema americano, das "províncias" que tenha a adquirido e dos povos que a habitem. Foi esse fenômeno de internalização, inevitável, a longo prazo, em qualquer sistema imperial, que levou Roma a incorporar a sua cidadania, inicialmente, os italiotas, posteriormente, províncias amplamente romanizadas, de que saíram imperadores como Trajano e Adriano e, finalmente, com Caracala, os cidadãos de todas as províncias.

No caso dos Estados Unidos, ainda que o "império americano", como precedentemente se indicou, não seja um império tradicional, mas sim um campo de constrangimentos condicionadores, o poder central não pode, a longo prazo, ignorar o que ocorre na sua periferia. Os efeitos socialmente desestabilizadores das práticas neoliberais que tenderão a se verificar nas "províncias" do império, compelirão tanto as autoridades locais como o poder central à necessidade de medidas corretivas. Algo de semelhante ao que ocorreu, historicamente, com o capitalismo ocidental, no curso dos dois últimos séculos. O proletariado, tratado como elemento periférico pelo capitalismo europeu, adquiriu, no curso do tempo, um poder reivindicatório que não pôde ser ignorado, conduzindo, em diferentes graus, com sua internalização, à economia social de mercado da Europa contemporânea e, dentro de modalidades próprias, a algo de equivalente nos Estados Unidos.

Como já foi aventado, é impossível se prever se, no curso deste século, venham a se constituir centros alternativos de poder ou se, contrariamente, venha a se consolidar e universalizar a hegemonia americana. O que se pode antecipar, como já mencionado, é o fato de que, na hipótese da formação de centros alternativos de poder, a inviabilidade de um desfecho militar que não conduza ao suicídio do planeta tenderá a gerar um longo período de convivência antagônica, que por sua vez tenderá a crescentes processos de institucionalização, desembocando, a longo prazo, numa *Pax Universalis*. Da mesma forma, uma durável *Pax Americana* conduzirá, no longo prazo, pelo já referido inevitável processo de internalização, a uma outra modalidade de *Pax Universalis*.

3. SOCIEDADE DE MASSAS E CIVILIZAÇÃO PLANETÁRIA

Consumismo intransitivo

Como foi precedentemente assinalado, o mundo atual se caracteriza pela universalização da sociedade tecnológica de massas. O fenômeno decorre do desenvolvimento industrial, que assume crescente escala a partir do último terço do século XIX e se expande da Europa e dos Estados Unidos para o restante do mundo. A revolução tecnológica das últimas décadas do século XX multiplica por um imenso fator o processo de massificação e lhe imprime novas características, marcadas pela instantaneidade das comunicações, extrema rapidez dos transportes e pela conversão do capitalismo industrial em capitalismo financeiro e informático, com trilhões de dólares continuamente circulando pelo mundo, de um mercado a outro.

A sociedade tecnológica de massas, no que diz respeito a seus hábitos, se caracteriza por um consumismo intransitivo. O homem medieval aspirava a ser um bom cristão. O renascentista, a dispor de uma *virtu* apta a confrontar sua *fortuna*. A Ilustração gerou a exigência de racionalidade. O romantismo, o ideal do *honnête homme*. A perda dos valores e das crenças tradicionais, acentuada a partir da Primeira Guerra e o niilismo contido nos movimentos pós-modernos, que se difundem em fins do século XX, erodiram a vigência de valores superiores e geraram um ceticismo pragmático conducente a um consumismo intransitivo.

Essa sociedade tecnológica de massas conduz à crescente despersonalização do homem, que se confunde com sua função. Em lugar de pessoas, existem funções, desempenhadas por funcionários, substituíveis por outros funcionários. De presidente da República ou superior executivo de uma grande empresa, a operário ou soldado, todos se convertem em funcionários descartáveis. A sociedade tecnológica de massas gerou o homem descartável. Esse homem descartável, dentre as múltiplas funções que exerce, é basicamente motivado por sua demanda de consumo. É um consumidor intransitivo. Não consome para viver. Vive para consumir.

Essa dupla característica de nosso tempo, a sociedade de massas e o consumismo intransitivo não são, entretanto, uma inovação contemporânea mas, na verdade, embora sob distintas modalidades, essa dupla característica provém do início das civilizações. O mundo antigo teve sociedades de massas na Babilônia, nos grandes reinos helenísticos, no Império Romano. O consumismo intransitivo tampouco é um fenômeno de nossos dias, dele havendo manifestações na Babilônia de Baltazar, no Primeiro Período Intermediário do antigo Egito, como o exprime a *Canção do Harpista*, na Roma do final da República, temporariamente contida pelo moralismo de Augusto, manifestando-se em mais ampla escala com a crise do Império, depois da morte de Marco Aurélio.

O problema que suscita a expansão do consumismo intransitivo, quando deixa de ser um luxo das classes abastadas e se converte em generalizada demanda social, é o fato de que uma sociedade não se sustenta se não for minimamente amparada por valores superiores. Essa exigência, comum a toda as sociedades, é ainda mais imperativa para as sociedades tecnológicas de massas. Isto porque, diversamente das sociedades de massas da antiguidade, que dependiam de relações diretas com a natureza, a tecnológica depende da fina articulação de todo um conjunto de subsistemas, produtivos, distributivos, assistenciais e reguladores. A geral descartabilidade do homem-massa e seu intransitivo consumismo se tornam, a partir de certo grau, incompatíveis com a fina articulação dos subsistemas de que depende a própria subsistência das massas. É manifesta a crescente dificuldade de autosustentação das atuais sociedades tecnológicas de massas, gerando desde as formas incontroláveis da criminalidade ligada ao narcotráfico, até a alarmante generalização de práticas desonestas, na gestão de grandes empresas, nos Estados Unidos e alhures. A própria generalização do consumo de drogas é um significativo indício da perda de sustentabilidade de uma sociedade integrada por descartáveis consumidores intransitivos.

A história, todavia, nos mostra que o consumismo intransitivo não perdura indefinidamente em nenhuma sociedade. A perda de auto-sustentabilidade que afeta uma sociedade, a partir de certo grau de consumismo intransitivo, conduz ou bem à incorporação dessa sociedade por outra – como ocorreu com a Babilônia de Baltazar, absorvida por Ciro da Pérsia – ou bem a uma transformação de seus valores, como ocorreu, na decadência do Império Romano, com a conversão dos romanos ao cristianismo.

Em seu clássico estudo *Social and Cultural Dynamics* (1957) Sorokin sustenta, com apoio em ampla ilustração empírica, que as sociedades, como já observara Vico, estão submetidas a uma espiral de fases culturais. Emergem para a história com uma cultura ideacional, fundada em mitologias sagradas, da qual passam para uma cultura idealista, que conduz a teologias racionalizadoras dos mitos e desta transitam para uma cultura sensorial, baseada na observação empírica dos fatos e em rigorosos juízos analíticos. O desenvolvimento do espírito crítico conduz, freqüentemente, culturas sensoriais a se tornarem hipersensoriais, as levando a um hiper-relativismo que desemboca no nihilismo e na perda de todos os valores. Esse ciclo espiral, segundo Sorokin, ante um niilismo que inviabiliza sua sustentabilidade, conduz as sociedades a uma nova fase ideacional.

Não corresponde aos propósitos deste breve estudo uma discussão crítica das teses de Sorokin. Observe-se, apenas, por um lado, o indiscutível fato de que a contemporânea descartabilidade do homem e seu consumismo intransitivo assinalam o fato de que estamos nos aproximando dos limites de sustentabilidade. Por outro lado, não parece provável a evolução da sociedade contemporânea na direção de uma nova cultura ideacional. O que parece de mais provável ocorrência é a tendência a algo de equivalente ao que conduziu, na Antigüidade, à formação da cultura helenística. O que também parece provável é a tendência a uma interpenetração das civilizações que perduraram até o século XXI, conducente à formação de uma Civilização Planetária.

Problema da auto-sustentabilidade

A crise de auto-sustentabilidade da sociedade contemporânea poderia ser corrigida pela emergência de novas crenças religiosas, que conferissem um destino pessoal ao atual homem descartável e submetessem seu consumismo a novos valores transcendentes. Não se observa, entretanto, nenhuma tendência nessa direção. A ciência e a tecnologia modernas afastam, ao que tudo indica de forma irreversível, a possibilidade de se voltar a uma cultura teocêntrica.

É certo que se manifestam novas formas de religiosidade, observáveis na expansão de seitas como a dos Evangélicos e de práticas búdicas, como o yoga. Tais manifestações, todavia, nada têm a ver com as formas superiores das religiões monoteístas e tampouco se orientam para um novo politeísmo. São manifestações de auto-ajuda, no âmbito de um psicologismo de massa. Algo de equivalente, na Antigüidade Tardia, à prática de magias esotéricas.

O exemplo histórico da Antigüidade indica que as sociedades tendem a compensar e parcialmente corrigir os efeitos dissolventes do consumismo intransitivo através de diversas iniciativas, que vão desde o recurso a práticas mágicas, como precedentemente se mencionou, até a emergência de novas filosofias, como a estóica e a formação de uma elite de poder. Aquela e esta submetem as demandas consumistas ou a mais estricta austeridade, como nos exemplos que nos dão essas admiráveis pessoas que foram Epitecto ou Marco Aurélio, ou a uma sóbria moderação, como Aureliano ou Diocleciano.

O mundo contemporâneo apresenta indícios de ambas essas tendências. Há uma elite de poder em diversos países, com hábitos extremamente moderados, incluindo empresários de grandes fortunas, como David Rockfeller, grandes estadistas, como De Gaulle, ou no Brasil, Fernando Henrique Cardoso. Há, igualmente, uma nova preocupação social e ecológica, que se traduz pela renovação dos objetivos sociais de diversos partidos social-democratas, como o SPD de Schröder, ou o PT de Lula, a defesa da bioesfera pelos movimentos verdes, a graciosa assistência médica prestada a populações desassistidas, pelos "médicos sem fronteiras" e a atuação de pensadores humanistas, como Ortega, Jaspers, Sartre, Habermas, Edgard Morin, Celso Furtado e muitos outros. Tudo isso aponta na direção da emergência de um novo humanismo, que se diferencia do individualismo do humanismo clássico por lhe agregar a preocupação social e ecológica e a intransigente defesa dos direitos humanos.

Tanto a sobriedade funcional de uma nova elite de poder como a tendência a um novo humanismo, social e ecológico, representam fenômenos socialmente minoritários, mas nem por isso privados de grande relevância. Os estóicos constituíram uma pequena minoria na Antigüidade Tardia, mas a eles se deve, de múltiplas formas, a sobrevivência da sociedade clássica, até sua conversão ao cristianismo. A medida em que a atual sociedade tecnológica de massas, intransitivamente consumista, esteja logrando subsistir, a despeito da crise que a assola, e assim prossiga, no curso deste incipiente século XXI, se está devendo e se deverá, ainda mais, à coexistência, cooperativa ou conflitante, de uma elite de poder que supere a embriaguez do consumismo com um novo humanismo sócio-ecológico.

Civilização Planetária

Uma das características da atual sociedade de massas é o fato de esse modelo de sociedade, originário da Civilização Ocidental Tardia, se estar propagando para as demais civilizações que lograram subsistir até nossos dias. Encontraremos esse modelo de sociedade na Índia, no Japão, em muitos países islâmicos e, de forma incipiente mas aceleradamente crescente, na China.

O fenômeno da penetração de influências ocidentais em outras civilizações é observável desde fins do século XVIII e se acelerou no curso da história recente. Confrontados com a crescente superioridade operacional que a ciência e a tecnologia modernas davam ao Ocidente, as sociedades não-ocidentais se deram conta da necessidade de absorver esses atributos do Ocidente como estricta condição de sua sobrevivência.

No mundo islâmico, o primeiro intento de modernização, denominado de *Tanzimat*, foi intentado pelo sultão Mohammed II (1808-1830). Os efeitos de modernização e de parcial ocidentalização, empreendidos no sentido de absorver a ciência e a tecnologia ocidentais, se desenrolaram, com altos e baixos, no curso de todo o século XIX e princípios de XX. O que, seguidamente, prejudicou tais esforços, foi a medida em que a idéia de compatibilizar as crenças e tradições islâmicas com a modernização impediram que se constituíssem, estavelmente, instituições que permitissem uma modernização sustentável. Isto só foi possível com a revolução de Mustafá Kemal, depondo o sultão, em 1922 e instituindo uma Turquia laica. O maometismo foi convertido, de princípio regulador universal, em religião subjetiva, sendo permitida a prática de outras religiões.

No Japão, o processo de modernização e ocidentalização, seguindo-se às humilhantes incursões do comodorro Perry (1853-1854), foi desencadeado pela restauração Meiji, de 1868.

Na China, o processo de modernização e ocidentalização, de certa forma foi iniciado pelos jesuítas, notadamente Matteo Ricci (1552-1610) em princípios do século XVII. A longa "controvérsia dos ritos", provocada pelos dominicanos e resolvida contra os jesuítas pelo papa Clemente XI, em bulas de 1704 e 1715, deu um fim a esse processo. Somente muito mais tarde, depois das humilhações da "guerra do ópio" e das que lhe seguiram, houve um esforço autóctone de modernização da China, dirigido pelo príncipe Kung, de 1861 a 1894. O conservadorismo chinês interrompeu esse esforço, que foi retomado em 1898 pelo jovem imperador Kuang-Hsú e seu brilhante ministro Kang-Yu-Wei. Os conservadores, mais uma vez, sob o comando da Imperatriz Viúva Tz'u-Hsi, derrubaram o jovem imperador, opondo-se à modernização. Com a República, proclamada em 1912 e, notadamente, com Sun Yat-Sen, na década de 1920, acelerou-se o processo de modernização da China, que prosseguiria com a vitória de Mao Zedong, em 1949 e atingiria sua atual aceleração a partir de 1976, sob a direção de Deng Xiaoping.

Na Índia, os primeiros intentos de modernização e ocidentalização datam da constituição, por Ram Mohan Roy (1772-1833), da sociedade Brahma-Samaj, em 1828. Esse processo, com altos e baixos, prossegue durante todo o século XIX até a independência da Índia, em 1947, sendo particularmente relevante a contribuição de Jawarharlal Nehru (1889-1964).

O processo de modernização das civilizações não-ocidentais foi inicialmente intentado como um esforço de incorporar a ciência e a tecnologia ocidentais, preservando os valores religiosos e tradicionais dessas civilizações. Como ocorreu, entretanto, no processo de modernização do próprio Ocidente, notadamente a partir do século XVIII e, aceleradamente, em períodos mais recentes, a modernização científico-tecnológica conduziu, ainda que não deliberadamente, à erosão das crenças religiosas e tradicionais.

O crescente inter-relacionamento das civilizações que sobreviveram até nossos dias vem conduzindo, também desde o século XVIII (recordem-se as *Cartas Persas*, de Montesquieu) a uma crescente influência de elementos não-ocidentais na cultura ocidental. As culturas não-ocidentais, por seu lado, foram levadas a absorver, com a ciência e a tecnologia do Ocidente, crescentes elementos da cultura deste. Essas influências recíprocas e a difusão, praticamente por todo o mundo, de sociedades tecnológicas de massas, de alta propensão consumista, estão conduzindo, gradualmente, a uma transformação da Civilização Ocidental Tardia numa Civilização Planetária, nesta sendo absorvidas, com suas respectivas características próprias, as demais civilizações contemporâneas: Islâmica, Indiana, Japonesa e Chinesa.

4. ALTERNATIVAS DO BRASIL

Semiprovíncia

O Brasil ingressa no século XXI em avançado estágio de se tornar uma "província" do "Império Americano". Trata-se do que se poderia designar de uma semiprovíncia, ou "província não consolidada" desse "império". Entre muitos indicadores dessa condição mencione-se, por sua particular relevância, a excessiva dependência do país do capital estrangeiro, notadamente do capital financeiro. A transferência do controle do sistema produtivo do país para capitais forâneos, significativamente ampliada pelas privatizações de empresas públicas atingiu proporções extremamente grandes. Dentre as 500 maiores empresas, operando no Brasil, 47% são estrangeiras, nesse grupo figurando as mais estratégicas.

Por outro lado, o país depende, anualmente, para compensar seu déficit em transações correntes, do ingresso de montantes da ordem de US$ 20 bilhões. Depende, igualmente, de valores da ordem de US$ 30 bilhões para a rolagem anual de sua dívida externa. Esses montantes correspondem à quase totalidade da exportação brasileira, da ordem de US$ 60 bilhões. Embora importante parcela dos capitais envolvidos nas posições precedentemente mencionadas seja de procedência européia, o conjunto desses valores é comandado pela lógica financeira dos Estados Unidos e constitui, no âmbito do processo de globalização, parte do processo de americanização do mundo.

Importa observar, a esse respeito, o fato de que, no curso do segundo semestre de 2002, ocorreu extraordinária elevação de custo do dólar, que chegou à cotação de R$ 4,00 por US$ 1.00, devido a incertezas quanto à futura orientação econômica do país mas, sobretudo, decorrente de sua fragilidade cambial. Essa depreciação do real exerceu forte estímulo às exportações e mais forte ainda, restrições às importações, o que deveria levar o país a encerrar o exercício de 2002 com um superávit comercial da ordem de US$ 10 bilhões.

A decorrente redução da dependência de capitais estrangeiros para saldar o déficit em transações correntes não deve, entretanto, ser considerada de caráter estável. Passadas as expectativas pessimistas sobre o novo governo e ainda pelos efeitos autocorretivos do regime de câmbio flutuante, o Brasil voltará a se defrontar com o desequilíbrio estrutural de sua presente modalidade de inserção no sistema financeiro internacional.

Ademais da dimensão econômico-financeira, a "provincialização" do Brasil apresenta, como no restante do mundo, o sentido de uma americanização cultural, dada a já mencionada decisiva influência do cinema, da televisão, das agências de notícias e de outras dimensões da cultura americana, notadamente nos domínios da ciência e da tecnologia, nestas de caráter predominantemente positivo.

Não obstante essas características e, o que é mais grave, a forte tendência expansiva que manifestam, o Brasil ainda detém significativa margem de autonomia nacional. É certo que o espaço de permissibilidade internacional do país se está reduzindo, drástica e aceleradamente, e praticamente se cerrará dentro de um prazo historicamente muito curto, de não mais de duas décadas. O Brasil ainda detém, não obstante, o *quantum* de autonomia nacional de que necessita para empreender um desenvolvimento endógeno, se para tal empenhar, consistente e energicamente, os necessários esforços.

Existem, a esse respeito, diversas indicações favoráveis. A mais importante, ao se encerrar o governo de Fernando Henrique Cardoso, é o fato de os levantamentos de opinião pública revelarem, por um lado, uma margem de aprovação do presidente (entre estimativas de "ótimo" e de "razoável"), de mais de 60%. Isto significa que a opinião pública se deu majoritariamente conta do alto nível de qualificação de Fernando Henrique Cardoso, na verdade, o mais qualificado presidente na história da República e, atualmente, um dos mais qualificados do mundo. Por outro lado, entretanto, percentagem ainda mais significativa da opinião pública manifesta a vontade de profundas mudanças na condução do país. A isto se deve o fato de o candidato Luiz Inácio Lula da Silva, propondo-se a realizar essas profundas reformas, ter contado, às vésperas das eleições de outubro de 2002, com mais de 40% de expectativas de votos, praticamente igualando a soma de expectativas de votos dos três outros candidatos, o que levou a sua eleição no segundo turno, em 27 de outubro de 2002. A grande maioria dos brasileiros se insurge contra a excessiva dependência externa do país, contra a decorrente estagnação da economia e contra a perpetuação dos bolsões de ignorância e miséria que vêm caracterizando, historicamente, a sociedade brasileira. O país quer amplas mudanças e se sente capaz de empreendê-las.

O que está em jogo

Se não se modificarem, profunda e aceleradamente, as atuais características econômicas e sociais do Brasil, este se tornará, irreversivelmente, uma "província" do "Império Americano". Conservará, como os demais segmentos do campo americano, os aspectos formais de sua soberania: hino, bandeira, exército de parada, eleições para o preenchimento dos titulares dos poderes executivo e legislativo da Federação. Mas será dirigido, internamente, pelas multinacionais estabelecidas no país e, externamente, pelas diretrizes emanadas de Washington. Os constrangimentos procedentes dessas duas fontes condicionarão decisivamente, no Brasil, tanto o poder público como a atividade privada.

O que está em jogo, fundamentalmente, é a preservação, consolidação e ampliação da margem de autonomia nacional de que o Brasil ainda dispõe ou, opostamente, a irreversível perda dessa autonomia. Todos os demais aspectos da realidade brasileira são dependentes dessa alternativa básica. O grito retórico de Pedro I, nas margens do Ipiranga, tornou-se, presentemente, o dilema com que efetivamente se defronta o país.

A questão da autonomia nacional envolve uma multiplicidade de aspectos. Estes podem, no entanto, ser reduzidos a duas grandes ordens de questões. A primeira, de caráter substantivo, diz respeito à medida em que um país conserve, formal e efetivamente, sua autodeterminação. A segunda, de caráter adjetivo, mas decisivamente relevante, se relaciona com as condições de sua autosustentação.

A primeira ordem de questões, concernente à autodeterminação de um país, se refere à medida em que, em seu relacionamento com outros países, notadamente os poderosos, um país abdique de significativa margem de autodeterminação. Nas condições contemporâneas, tal abdicação se realiza mediante tratados que confiram bases militares a uma grande potência estrangeira ou que lhe assegurem importantes prerrogativas econômicas ou jurídicas, convertendo a sociedade concedente em dependente da outra.

O Brasil se depara, presentemente, com duas imediatas possibilidades de perda de autodeterminação. Uma, embora de caráter predominantemente simbólico, ora em curso de execução, se refere à concessão do uso da base espacial de Alcântara aos Estados Unidos, dentro de um regime de renúncia do exercício da soberania brasileira sobre parcela do território nacional. A título de proteção de segredos tecnológicos os Estados Unidos obtiveram o acordo do governo brasileiro – felizmente ainda pendente, quando da redação deste estudo, de possível denegação congressional – de reservar a funcionários americanos ou pessoas por estes autorizadas o exclusivo acesso a determinadas partes da base de Alcântara.

A segunda possibilidade de imediata perda de autodeterminação, essa de suprema gravidade, se relaciona com o projeto de ALCA. Se o Brasil, como em princípio está sendo entendido, terminar firmando o acordo sobre ALCA, tal como formulado pelos Estados Unidos, nesse mesmo ato alienará àquele país sua soberania econômica e, em ampla medida, jurídica, tornando-se, formal e efetivamente, uma "província" do "Império Americano".

A segunda ordem de questões se relaciona com a auto-sustentabilidade do país. Essa auto-sustentabilidade apresenta quatro principais dimensões de caráter, respectivamente, econômico, social, cultural e político. Nas presentes condições brasileiras isto significa, por um lado, o fato de que o país dispõe de um prazo historicamente muito curto, de não mais de duas décadas, para superar, definitivamente, seu renitente subdesenvolvimento e se instalar, sustentavelmente, num patamar econômico, social e tecnológico equivalente ao de um país como a Itália de hoje. Entre as exigências decorrentes dessa meta avulta o imperativo de erradicar, aceleradamente, os bolsões de ignorância e miséria que se encontram nas favelas metropolitanas e em diversas áreas do interior, notadamente no Nordeste, bolsões esses que contêm mais de 50 milhões de brasileiros.

Por outro lado, a auto-sustentabilidade do país apresenta relevantes exigências político-institucionais. O Brasil não é, efetivamente, uma democracia representativa, nem dispõe de satisfatória margem de governabilidade. A falta de representatividade da democracia brasileira decorre dos atuais regimes partidário e eleitoral. Com a relativa exceção do PT e, em menor grau, do PSDB e do PFL, os partidos brasileiros são legendas vazias, destituídas de qualquer significado programático, ocupados por personalidades que se servem dos partidos como de uma camisa que se troca na primeira oportunidade. O resultado dessa falta de significação partidária se revela no fato de que, com a relativa exceção dos candidatos a postos executivos – em relação aos quais, entretanto, questões de personalidade pesam mais do que seu eventual projeto político – os candidatos a postos legislativos, nas três esferas da Federação, são, com raríssimas exceções, pessoas destituídas de qualquer significação pública. Andar pelas ruas de nossas cidades, em período eleitoral, é se deparar com uma infinidade de galhardetes convidando o eleitor a votar em personalidades quase sempre desconhecidas e, raramente, relacionadas com algum projeto público.

Acrescente-se que o atual regime eleitoral priva o eleitor de qualquer relação publicamente significativa com os eleitos. As eleições são loterias que conferem, quase sempre em função de interesses não públicos, a prerrogativa de um mandato para um mandatário que não é representativo de nenhum interesse público.

Os corpos legislativos procedentes de tal sistema atuam sem nenhuma relação com o interesse público, menos ainda com os imperativos nacionais. Os poderes executivos, quando operam com sentido público, são compelidos a negociar as matérias que dependem do Legislativo em função de barganhas com cada mandatário, totalmente independentes da relevância da questão. Quando obtenham resultados, o fazem em troca de concessões onerosas para os cofres públicos ou para a sociedade, em geral.

Haveria que aduzir, a esse quadro melancólico, a perda de vigor da cultura nacional. Tal situação se constata por uma infinidade de manifestações, desde o emprego do idioma inglês na designação de lojas ou produtos, para atrair uma classe média alienada, até o fato de que o mundo de imagens submetido ao público brasileiro, na televisão, no cinema e na imprensa, é maciçamente procedente dos Estados Unidos. Salva-se a música popular, embora ameaçada pelo "rock". Igual penúria afeta a cultura erudita, âmbito no qual o pensamento brasileiro já traz uma contribuição relevante, mas é sistematicamente preterido por equivalentes estrangeiros, ainda que de menor qualidade.

Prazos e metas

A história se desenrola, predominantemente, sob a forma de uma sucessão de etapas. Ademais das macroetapas, como as que se referem ao paleolítico, ao neolítico, etc., há etapas de mais curta duração, condicionadas por determinados fatores sociais, culturais, econômicos ou políticos. Vista no seu desenrolar global a história acusa uma tendência a crescente aceleração. Um milênio do Egito antigo corresponde a um século atual. Um século da Idade Média, a um ou dois decênios de hoje.

É ante essa aceleração da história que se situam as alternativas com que o Brasil se defrontará, no curso deste século. Como precedentemente se indicou, o que fundamentalmente está em jogo é, por um lado, a questão da autonomia nacional e, por outro, a da auto-sustentabilidade do país.

O Brasil, como se tem reiterado, dispõe de um prazo histórico muito curto, de não mais de dois decênios, para ultimar a superação de seu subdesenvolvimento e se situar num satisfatório patamar de sustentável desenvolvimento social e econômico-tecnológico. Algo que corresponda ao atual nível de desenvolvimento social da Espanha e econômico-tecnológico da Itália. Se não lograr fazê-lo, perderá, por falta de sustentabilidade, a autonomia nacional de que ainda dispõe e se converterá numa "província" do "Império Americano", como mero segmento do mercado internacional. O risco de que tal ocorra tem duas possíveis origens. Uma, de caráter interno, outra, externo.

A sociedade tecnológica de massas, como precedentemente se indicou, não poderá prosseguir, indefinidamente, com o consumismo intransitivo que ora a caracteriza. Visto sob esse aspecto, o Brasil, como as demais sociedades atuais, será conduzido, no curso deste século, à necessidade de gerar uma elite de poder, dotada de satisfatório controle de seu consumismo, como condição para o país se autogovernar. E terá necessidade de gerar uma minoria neo-humanista suficiente para assegurar sua auto-sustentabilidade ética. Tais exigências correrão em conjunção com o prazo de que o país disponha para alcançar um satisfatório e sustentável desenvolvimento. Se essas metas não forem tempestivamente alcançadas, o Brasil perderá sua autonomia nacional, independentemente do curso que venha a seguir o sistema internacional. Tratar-se-ia de uma perda de autonomia por motivos de ordem interna, por "default" sociocultural.

O outro risco com o qual se defrontará o Brasil, este de caráter externo, decorrerá da eventual consolidação da hegemonia mundial americana, gerando uma *Pax Americana* a que estarão submetidos todos os demais países do mundo. Ante essa possibilidade, entretanto, a condição das "províncias" do "império" variará extremamente, de acordo com seus respectivos níveis de desenvolvimento. Um abismo de condições sociais, culturais, econômicas e políticas separará, nesse possível futuro império, países que por ele sejam absorvidos em alto nível de desenvolvimento, como os da Europa ocidental, dos que nele ingressem em condição extremamente subdesenvolvida, como no atual caso da maioria dos países africanos. Na medida em que o Brasil logre alcançar, no curso dos próximos vinte anos, um patamar de desenvolvimento equivalente ao atual da Itália, sua inserção no eventual futuro império se daria em condições toleráveis.

Tendo em vista as precedentes considerações, as futuras alternativas do Brasil, para o primeiro terço deste século, se encontram sujeitas, a mais longo prazo, à medida em que logre, ou não, alcançar um satisfatório patamar de desenvolvimento. A curto prazo, entretanto, o Brasil se defrontará com a opção de aderir ou não a ALCA. Essa opção será determinativa da medida em que preserve satisfatória margem de autonomia nacional, para empreender seu grande esforço de desenvolvimento, ou renuncie a sua autodeterminação, tornando-se, desde agora, formal e efetivamente, uma mera província do império americano.

ALCA

Por que, no curto prazo, a adesão do Brasil a ALCA representa uma renúncia a sua autonomia nacional e, com isto, o prematuro desfecho negativo de qualquer projeto nacional por parte do Brasil? Essa questão não tem sido discutida com a devida clareza nos já numerosos debates e estudos sobre ALCA.

A questão, no melhor dos casos, é apresentada como algo que depende de negociação. Os interlocutores bem intencionados reconhecem que o projeto ALCA, como apresentado pelos Estados Unidos, contém inúmeras disposições de protecionismo unilateral a favor daquele país, para a superação dos quais, ou pelo menos, redução dos quais, importaria um esforço negocial de parte do Brasil. Observam tais interlocutores, por outro lado, que tudo indica que os demais países latino-americanos aderirão à ALCA, caso em que o Brasil, não o fazendo, ficaria isolado nas Américas. Argüe-se, finalmente, com o fato de que o projeto ALCA prevê uma sucessão de etapas, para as várias liberalizações, que só se ultimariam em 15 anos. Nesse prazo, arguem tais interlocutores, o Brasil terá elevado significativamente sua competitividade industrial e tecnológica, não tendo mais razões para temer a supercompetitivdade americana.

Uma objetiva discussão da questão ALCA, reduzida a seus aspectos fundamentais, apresenta três principais questões: (1) a das discriminações explícitas a favor dos Estados Unidos; (2) a das discriminações implícitas e finalmente, (3) o que pode fazer o Brasil se não aderir a ALCA.

As discriminações explícitas de protecionismo a favor dos EUA constam de dispositivos legais americanos, cuja revogação, depois do "fast track", depende de assentimento do Congresso, em virtude das quais uma ampla gama de produtos em que o Brasil é mais competitivo que os EUA, do aço aos sucos, ao açúcar, aos couros, etc., são objeto de barreiras não tarifárias, ou de cotas que conduzam a supertaxações. A proteção da economia nacional, no Brasil, é exclusivamente tarifária. Nos EUA, é predominantemente não tarifárias. A supressão recíproca de tarifas, por isso, não abre o mercado americano para os produtos discriminados por barreiras não tarifárias, enquanto o mercado brasileiro, sem tarifas, ficaria totalmente aberto para os EUA.

A esse respeito, alega-se que é preciso negociar. A questão é o tipo de negociação que está em jogo. Na verdade, a possível negociação em jogo é a do presidente dos Estados Unidos com seu Congresso, para fazê-lo aceitar a supressão de todas as barreiras não tarifárias e das cotas de supertaxação. Somente após a abertura dessa clareira poderão os negociadores brasileiros entrar em ação. Ora, isto não está na pauta do governo americano. O presidente americano não quer e não pode eliminar tais barreiras porque elas decorrem de exigências de poderosos "lobbies", cuja influência eleitoral é decisiva. Nenhum presidente que aspire à reeleição e nenhum congressista com igual propósito podem se dar ao luxo de contrariar tais "lobbies".

A segunda questão em jogo é a das discriminações implícitas. Estas dizem respeito a falaciosas reciprocidades contidas no projeto ALCA. Mais do que mera supressão de barreiras tarifárias, o projeto contém uma ampla gama de disposições regulatórias da propriedade intelectual (patentes), do regime de investimentos (total desregulação), de compras governamentais (livre acesso) e outras. Todas essas disposições são apresentadas como recíprocas. Trata-se, todavia, como precedentemente mencionado, de uma reciprocidade falaciosa. Para cada patente que o Brasil possa invocar, os EUA apresentarão mais de cem. A desregulação total do capital estrangeiro só interessa ao país investidor, os EUA e não ao que se proponha recebê-lo, o Brasil. A reciprocidade de compras governamentais só interessa ao país habilitado a concorrer em todas as compras do governo estrangeiro, ou seja, os EUA e não o Brasil, que dificilmente poderia concorrer, com possibilidades de êxito, a compras do governo americano. Como é óbvio, o tratamento idêntico entre uma superpotência, que é a mais competitiva economia do mundo, e um país de potência e desenvolvimento médios, comparativamente subcompetitivo, como o Brasil, só é vantajosa para o primeiro.

Argüem alguns que a final liberalização prevista por ALCA só se dará daqui há quinze anos, quando o Brasil deverá ter atingido níveis muito superiores de competitividade. O argumento é novamente falacioso. Não se pode assumir compromissos imediatos por conta de supostos aperfeiçoamentos futuros. O argumento, ademais, oculta o fato de que se, nos próximos 15 anos, o Brasil tenda a aumentar sua competitividade, não se deve supor, do lado americano, uma situação de estagnação. Resulta o argumento, mais uma vez, completamente improcedente. Caberia observar que, se daqui há 15 anos convier ao Brasil aderir a ALCA, poderá nessa ocasião manifestar tal propósito, sem necessidade de um cego compromisso *a priori*.

Brasil fora da ALCA

A terceira relevante questão relacionada com ALCA diz respeito ao que o Brasil possa fazer, ao se negar a participar do projeto. Caberia, desde logo, considerar a hipótese, não provável mas não impossível, de os Estados Unidos se desinteressarem de ALCA se o Brasil, que constitui o verdadeiro objetivo da iniciativa, a descartar. Em tal caso, os EUA recorreriam a uma estratégia de acordos bilaterais com os países latino-americanos. Dentro de distintas condições e com alcance bem mais restrito, poder-se-á conceber, nesse caso, que o Brasil ajuste um acordo bilateral com os EUA, se formulado em termos reciprocamente convenientes, sem nenhuma das restrições ou privilégios de ALCA.

A recusa do Brasil de ingressar em ALCA deverá, entretanto, mais provavelmente, motivar os EUA a buscar a adesão dos demais países latino-americanos, para isolar o Brasil e, desta forma, compeli-lo a aceitar ALCA ou a pagar um alto preço por não fazê-lo. É ante essa alternativa que o Brasil deve e pode, desde já, adotar as medidas apropriadas. Estas incluem um amplo leque de iniciativas, entre as quais sobressaem seis principais providências: (1) consolidação de Mercosul, imprimindo-lhe condições de irreversibilidade; (2) rápida instituição de ALCSA; (3) acordo seletivo com a União Européia; (4) entendimento estratégico com os outros três países emergentes de dimensões semicontinentais, China, Índia e Rússia; (5) mobilização de apoio internacional, notadamente de parte dos países do Terceiro Mundo, no sentido de uma revisão das normas da OMC de sorte a compatibilizá-las com as necessidades dos países emergentes e, finalmente, (6) adoção de um novo modelo de cooperação com os Estados Unidos.

Mercosul constitui o mais importante instrumento de inserção internacional de seus partícipes. Sem Mercosul o poder de barganha internacional do Brasil fica sensivelmente (embora não irremediavelmente) restringido, enquanto que, relativamente aos demais partícipes, sem Mercosul ficam os mesmos irremediavelmente privados de satisfatórias condições de interlocução internacional. Diversas circunstâncias, que não seria possível discutir neste breve estudo, contribuem, entretanto, para que os demais partícipes de Mercosul subestimem a relevância de que para eles se reveste o Mercosul, tendendo a encarar esse sistema predominantemente em função de interesses econômicos de curto prazo[4]. Cabe ao Brasil, assim, o encargo de proceder, em comum acordo com os três outros membros, a uma ampla reformulação de Mercosul, criando condições que façam de Mercosul um irrecusável sistema de otimização econômica e política para todos os partícipes. Central, para esse efeito, é a adoção de uma política industrial comum, que assegure apropriada participação, para cada um dos membros, na produção e oferta de bens e serviços consumidos na zona e por ela exportados, tendo o grande mercado brasileiro como garantia de bom funcionamento.

---

[4] Cabe mencionar, em sentido extremamente positivo, os acordos firmados em Brasília, em 26 de setembro de 2002 entre os presidentes Cardoso e Duhalde.

A reestruturação de Mercosul deverá necessariamente ser acoplada a uma comum rejeição de ALCA. ALCA e Mercosul são reciprocamente incompatíveis, na medida mesma em que aquela conduz à eliminação de todas as tarifas e Mercosul tem como uma de suas características centrais a manutenção de uma tarifa externa comum.

A acelerada constituição de ALCSA – Área de Livre Comércio Sul Americana, é outra importante medida a ser tomada, ultimando-se os entendimentos, ora em adiantada fase, entre Mercosul e a Comunidade Andina. Todos ou quase todos os países andinos pretendem aderir a ALCA, mesmo que os EUA, como tenderá a ocorrer, não renunciem a seu protecionismo unilateral. A instituição de ALCSA terá, nessa conjuntura, o mérito, por um lado, de proporcionar aos países de Mercosul condições de acesso ao mercado andino não inferiores às que ALCA proporcionará aos EUA. Por outro lado, acarretará para os andinos a grande vantagem de lhes proporcionar o grande mercado fornecedor e comprador de Mercosul, notadamente do Brasil, assim os livrando de se sujeitarem a uma posição oligopólica por parte dos EUA.

Não caberia, nas dimensões deste breve estudo, uma discussão mais detalhada das outras medidas precedentemente enunciadas, relativamente à União Européia, aos países semicontinentais, à OMC e aos próprios Estados Unidos. Mencione-se, apenas, relativamente à União Européia, o fato de que, enquanto nela prevalecer o atual protecionismo agrícola nenhum acordo de caráter mais abrangente pode ser com a mesma ajustado por Mercosul. Isto não obstante, há importantes interesses comuns, que podem e devem ser objeto de um estreito entendimento. Crucial, a esse respeito, é a comum necessidade de fortalecer o multilateralismo, ora seriamente ameaçado por Bush havendo, no âmbito desse propósito, espaço para um acordo seletivo de facilidades bilaterais reciprocamente convenientes.

A despeito das significativas diferenças existentes entre Brasil, China, Índia e Rússia, a condição, a eles comuns, de serem países emergentes de dimensões semicontinentais, abre correspondente espaço para a adoção de uma estratégia internacional comum, o que deve levar a um regime de estreita cooperação.

No caso da OMC torna-se cada vez mais evidente a necessidade de uma revisão de diversas normas adotadas por aquela organização, em função dos interesses dos países desenvolvidos e destituídas de validade, quando aplicadas a países emergentes. Cabe ao Brasil a iniciativa de articular uma ampla frente, compreendendo os países mais relevantes do Terceiro Mundo e países desenvolvidos dotados de sentido de eqüidade, para promover a reformulação de tais normas, notadamente no sentido de permitir determinadas modalidades de intervenção do Estado, ora proibidas que, entretanto, são indispensáveis para o desenvolvimento de países emergentes.

No que se refere aos Estados Unidos é importante assinalar, por um lado, que o não ingresso do Brasil em ALCA não afetará a continuação das exportações brasileiras de produtos manufaturados que ora lhe são efetuadas. Com efeito, o Brasil é competitivo com o México em diversos desses itens, a despeito de não pertencer à NAFTA, como este e assim não gozar das isenções aduaneiras que o favorecem. O eventual ingresso em ALCA dos países andinos em nada afetará essas exportações brasileiras, porque aqueles países não produzem as manufaturas que o Brasil exporta.

Importa, por outro lado, considerar a necessidade de formulação e adoção de um novo modelo de relacionamento entre o Brasil e os Estados Unidos. O atual relacionamento é basicamente comandado pela demanda americana de bens brasileiros, primários ou industrializados e pela demanda, por parte do Brasil, ademais dos artigos de sua importação corrente, de recursos financeiros. Um novo modelo de relacionamento pode ser armado em termos de uma mais ampla complementariedade industrial, concebida de sorte a expandir, quantitativa e qualitativamente, esse intercâmbio, mantendo satisfatório equilíbrio na balança do comércio.

Requisitos fundamentais

Das considerações precedentes resulta claramente o fato de que o Brasil, no curso das duas próximas décadas, precisa e pode atingir um satisfatório patamar de desenvolvimento econômico e social, equivalente ao da Itália de hoje, importando, para tal, preservar sua autonomia e sua auto-sustentabilidade. A questão da autonomia foi sucintamente discutida nos dois tópicos anteriores, com particular referência ao desfio representado por ALCA e de como a rejeição desta possa ser convenientemente administrada. Importaria, agora, considerar, sucintamente, as condições de que dependa a auto-sustentabilidade do país, no curso de um período da ordem de vinte anos.

Existe amplo consenso entre os estudiosos da matéria no sentido de que para alcançar o patamar em questão o país necessitará manter, no curso dos dois próximos decênios, uma taxa de crescimento extremamente elevada, semelhante à que alcançou no período de 1950-1970, da ordem de 7% ao ano. Essa taxa nada tem em comum com o ínfimo crescimento do PIB brasileiro nas duas últimas décadas, de 2% ou menos. É também objeto de amplo reconhecimento o fato de que o intento de promover um novo período de acelerado crescimento, como o precedentemente referido, não poderá ignorar, como no caso anterior, o perverso perfil social do país, mas terá de erradicar, nesse espaço de tempo, os tradicionais bolsões de ignorância e miséria, em que se inserem mais de cinqüenta milhões de brasileiros. Esse imperativo social, indeclinável não apenas por razões éticas mas, inclusive, por constituir uma das condições de possibilidade do desenvolvimento geral do país, acarreta um custo adicional ao projeto de auto-sustentabilidade. É certo que, por outro lado, tenderá a incentivar, com o aumento da demanda, o incremento da produção.

Reduzindo essa complexa questão aos seus termos essenciais, pode-se dizer que o projeto de desenvolvimento econômico-social que se tem em vista depende de três principais requisitos:

> (1) consistente implementação, no curso de cinco quadriênios presidenciais, de um grande e ambicioso projeto de desenvolvimento; (2) adoção, para esse efeito, de um modelo econômico, com suas implicações sociais, culturais e políticas, que permita gerar, autônoma e não inflacionariamente, os recursos necessários para manter continuadamente altas taxas de crescimento e (3) formulação e apropriada execução de um conjunto de medidas que permitam, a curto e médio prazos, superar os constrangimentos externos e internos que atualmente estrangulam a economia do país e sua capacidade decisória.

Mais uma vez as restritas dimensões deste breve estudo impedem uma mais ampla discussão das tão complexas questões precedentemente formuladas, impondo uma abordagem extremamente simplificada.

A primeira questão implica no seguinte problema: como se poderá, num regime democrático que importa manter e consolidar, sustentar consistentemente a implementação de um grande projeto de desenvolvimento, no curso de cinco quadriênio presidenciais, cada qual com suas próprias tendências e forma de ver as coisas? É evidente que não se aplica às condições do Brasil a idéia da formulação de um grande projeto de desenvolvimento a longo prazo, como o faz a China, dentro das condições próprias a seu regime político. Para se atingir os objetivos em vista, a única alternativa exeqüível no Brasil é a de se lograr um amplo consenso a respeito das grandes metas que o país precisa atingir, no curso do período em questão.

A esse respeito ocorreu um fato extremamente auspicioso. Atendendo a um convite do Instituto de Estudos Políticos e Sociais-IEPES um grupo de eminentes personalidades públicas, incluindo onze parlamentares representativos dos principais partidos brasileiros e uma personalidade independente[5], aceitou em fins de 2001, constituir um Comitê de Consenso e passou a se reunir, regularmente, no ano seguinte, para discutir a problemática brasileira, visando a estudar a possibilidade de lograr um consenso sobre os grandes objetivos do país, no curso das duas próximas décadas. Alcançado um elevado nível de consenso sobre a matéria, o Comitê designou, dentre seus membros, uma Comissão Relatorial, coordenada pelo Dep. Aloizio Mercante e integrada por senadores Jefferson Peres e Roberto Saturnino Braga e deputadas Rita Camada e Yeda Crusius. Essa Comissão, depois de submeter ao plenário do Comitê um primeiro relatório, recebendo críticas e propostas alternativas, elaborou um segundo documento, sob o título *Brasil: Para um Projeto Nacional de Consenso*, que foi unanimemente aprovado. Exemplares desse documento foram submetidos à apreciação do presidente da República, dos candidatos presidenciais, e das altas autoridades da República, bem como de representantes das mais importantes instituições culturais do país, dando-se a esse documento ampla divulgação pela imprensa. O Comitê se propõe, depois das eleições de Outubro de 2002, a promover um grande debate nacional sobre esse documento. Visa-se, com isso, a recolher as reações da cidadania de sorte a permitir a elaboração de um documento final, que exprima, satisfatoriamente, um consenso nacional sobre a matéria.

Se a proposta do Comitê de Consenso lograr a esperada repercussão nacional e gerar um consenso básico do país a respeito das grandes metas a serem atingidas, no curso das duas próximas décadas, dentro das condições mínimas para tal requeridas, torna-se muito elevada a possibilidade de que tais metas venham a ser

---

[5] São os seguintes os membros do Comitê de Consenso: Dep. Aloizio Mercadante, Prof. Celso Furtado, Dep. Eliseu Resende, Sen. Jefferson Peres, Dep. José Carlos Aleluia, Sen. José Eduardo Dutra, Dep. Michel Temer, Dep. Rita Camata, Sen. Roberto Freire, Sen. Lucio Alcântara, Sen. Roberto Saturnino Braga e Dep. Yeda Crusius.

alcançadas. Uma fundamental característica da Proposta de Consenso é a de deixar para os partidos e líderes que estejam à frente da direção do país, em cada um dos cinco quadriênios vindouros, a responsabilidade pela determinação da forma pela qual essas metas devam ser atingidas. Na medida em que o consenso, a respeito das metas, entre os líderes políticos do país, seja efetivo e receba amplo apoio da opinião pública, são favoráveis as perspectivas de que essas metas venham a ser alcançadas, levando o país a um satisfatório patamar de desenvolvimento e autonomia nacional.

A segunda grande questão relacionada com os requisitos de que depende o desenvolvimento nacional se refere ao modelo econômico, com suas implicações sociais, culturais e políticas, apto a gerar, autônoma e não inflacionariamente, os recursos necessários para manter continuamente altas taxas de crescimento. Trata-se de um requisito de atendimento não menos difícil que o anterior. O problema brasileiro, no curso da década de 90 foi, precisamente, o da incapacidade de gerar excedentes sociais suficientes para implementar um acelerado crescimento econômico. O excesso de dependência do capital estrangeiro decorreu, em ampla medida, da insuficiência da poupança nacional, combinadamente com excessiva despesa pública. Ultrapassaria os limites deste breve estudo qualquer intento de formulação de um modelo econômico alternativo. Importa apenas salientar a necessidade de tal modelo atender, entre outras, às quatro seguintes exigências:

> (1) substancial redução do déficit em transações correntes, mediante forte aumento do saldo da balança de comércio e rigorosa disciplina cambial; (2) substancial redução da taxa de juros, liberando vultosos recursos da União para projetos prioritários e ampliando, significativamente, as possibilidades de expansão do setor privado; (3) reforma institucional do sistema previdenciário, reduzindo seus benefícios ao limite de suas disponibilidades líquidas, assim liberando, para projetos

prioritários, outra vultosa parcela dos recursos da União e (4) ampla reforma tributária, eliminando impostos em cascata, suprimindo os incidentes sobre a exportação e transferindo para a renda e para o consumo, excetuados os principais itens do consumo popular, os impostos sobre a produção.

A terceira questão em jogo, relacionada com os problemas de transição para o novo modelo, é a que se reveste de maior dificuldade. Enquanto os grandes objetivos nacionais de longo prazo tendem a ser objeto de consenso, como o revelou a experiência do Comitê de Consenso, as medidas relacionadas com a transição do atual modelo econômico para um novo modelo, fortemente desenvolvimentista e orientado para a acelerada erradicação dos bolsões de ignorância e miséria, envolve grandes dificuldades e, decorrentemente, grandes discrepâncias.

Simplificando, mais uma vez, uma questão extremamente complexa, pode-se dizer que, no fundamental, ela comporta duas distintas aproximações que, para facilidade, serão denominadas de "ortodoxa" e "heterodoxa". A linha ortodoxa, preconizada por Pedro Malan e Armínio Fraga, observa que a dependência brasileira de financiamento estrangeiro é declinante. As transações correntes já acusaram um déficit de mais de US$ 30 bilhões que, em fins de 2002, é de menos de US$ 20 bilhões. Da mesma forma, os precedentes déficits da balança comercial se tornaram superávits, devendo o saldo positivo, em 2002, superar US$ 9 bilhões. Em tais condições, o que importa é dar continuidade à corrente política econômica porque, dentro de alguns anos, ter-se-á, em condições perfeitamente ortodoxas, alcançado o desejado equilíbrio.

A corrente heterodoxa, representada por economistas como João Paulo de Almeida Magalhães, Paulo Nogueira Batista e outros, observa que o equilíbrio almejado por Pedro Malan tenderá, se tudo correr bem, a exigir um prazo da ordem de 5 anos. Ocorre, todavia, que o Brasil se encaminha para uma crise cambial a curto prazo, que deverá eclodir entre 2003 e 2004 e sofre uma pressão social que, sem prejuízo de outros fatores, como o narcotráfico, contribui decisivamente para a escalada de criminalidade com que se defronta o país e ameaça, a curto prazo, assumir características explosivas. Os prazos da solução ortodoxa não são compatíveis com os curtíssimos prazos de que o país ainda dispõe para evitar uma situação de "default" e uma explosiva crise social.

Ante tal situação, a corrente heterodoxa prescreve soluções de emergência do tipo, segundo J.P. de Almeida Magalhães, de "economia de guerra". Para esse efeito, deve-se desatar, inicialmente, o nó que estrangula o fluxo cambial do país. Diversas medidas são para tal contempladas, incluindo, se necessário, o controle do câmbio pelo Banco Central, submetendo o acesso às divisas disponíveis a um regime de estrictas prioridades.

O pensamento heterodoxo enfatiza a necessidade de se lograr, a curto prazo, liberar, não inflacionariamente, vultosos recursos da União para urgentes projetos sociais e se adotar um elenco de medidas que elevem a poupança, o mais rapidamente possível, a um nível não inferior a 25% do PIB, de sorte a se alcançar, também o mais rapidamente possível, uma taxa anual de crescimento econômico da ordem de 7%.

Caberá ao governo eleito para o quadriênio 2003-2006 a adoção de uma dessas duas correntes econômicas. Importa apenas se levar em conta que, se as urgências enfatizadas pela corrente heterodoxa estiverem corretas, as soluções ortodoxas se revelarão inócuas e o país acabará compelido, pelas crises cambial e social, a adotar, com os inconvenientes de o fazer tardiamente, as mais radicais dentre as medidas preconizadas pelos heterodoxos.

Contribuição brasileira

Por difíceis que sejam os requisitos de que dependem no Brasil a sustentação de sua autonomia nacional e seu exitoso desenvolvimento, o país dispões de condições para dar atendimento a esses requisitos e, tudo o indica, de disposição para empreender os correspondentes esforços.

Apresenta-se, assim, ante a não excessivamente otimista perspectiva de um Brasil em bom andamento, a questão do papel que possa desempenhar, no curso deste século.

Dois aspectos dessa questão merecem particular atenção: a que se refere à posição do Brasil no sistema internacional e à dimensão sociocultural do nosso tempo.

Se se consolidar, até meados do século, a hegemonia mundial americana, um Brasil satisfatoriamente desenvolvido, que tenha preservado a margem de autonomia que as condições internacionais lhe permitam, tenderá a uma inserção razoável no "império americano", em condições semelhantes às de um país europeu. O grande problema com que se defrontará, em tal hipótese será, mais acentuadamente do que na Europa, o do emprego.

Não seria possível, por antecipação, estimar como tal problema possa vir a ser resolvido. Como precedentemente se mencionou, o império não poderá ignorar, indefinidamente, graves crises sociais que afetem suas províncias. Por muito que um futuro império americano se diferencie do modelo romano, o já referido fenômeno da interiorização, inevitável em qualquer sistema imperial, nele também ocorrerá e será em função do mesmo que serão enfrentadas as crises sociais das províncias, que se tornarão, no curso do tempo, cada vez menos periféricas.

Se, diversamente, o mundo caminhar, em meados do século, para um regime multipolar, a posição de um Brasil autônomo e desenvolvido se revestirá de grande importância. Esse Brasil tenderá a estar estreitamente inserido no sistema Mercosul e vinculado, em termos mais laxos, com um sistema sul-americano de cooperação e livre comércio. O conglomerado Brasil-Mercosul-América do Sul tenderá a constituir um dos núcleos do regime multipolar. Este, como precedentemente se mencionou, poderá convergir para uma polarização de coligações, marcadas pelo antagonismo sino-americano, ou poderá compreender distintos pólos, como o americano, o chinês, o europeu, o russo, o indiano e o sul-americano, mantendo entre si relações complexas de cooperação e antagonismo. Uma possível característica desse sistema poderá ser uma posição diferenciada dos pólos europeu e sul-americano, caracterizados por íntima cooperação e conjunta vinculação com a Cultura Ocidental, mas preservando sua autonomia e independência relativamente aos Estados Unidos.

É no que diz respeito à dimensão sociocultural desse mundo e da Civilização Planetária, que nele tenderá a surgir, que pode se revestir de particular relevância a posição do conglomerado sul-americano e a contribuição de um país como o Brasil. Trata-se, em última análise, do fato de que o atual intransitivo consumismo da sociedade tecnológica de massas, como foi precedentemente discutido, não poderá se manter indefinidamente, requerendo tal sociedade uma elite de poder apta a estruturá-la e geri-la e um novo humanismo, capaz de lhe imprimir um mínimo de consistência ética.

É nesse contexto que se configurará a necessidade de uma apropriada compatibilização entre tecnologia e humanismo. Na tradição ocidental a cultura anglo-saxônica se revelou particularmente apta ao desenvolvimento tecnológico e a tudo o que se refere a como fazer coisas, o *know how* e a cultura latina demonstrou ser a principal legatária da herança humanista e de tudo o que se refere a o que fazer da vida, o *know for*. A cultura brasileira e, com ela, de um modo geral, a latino-americana, tem demonstrado significativa aptidão para gerar uma síntese da tecnologia com o humanismo. O humanismo tecnológico, no contexto ora em descrição, tenderá a ser uma importante contribuição da cultura brasileira, e de um modo geral da latino-americana. Um humanismo informático, social e ecológico, tenderá a estar em grande demanda universal, e poderá constituir a mais relevante contribuição do Brasil e da América Latina, à futura Civilização Planetária.

II

AMÉRICA DO SUL E AMÉRICA LATINA

Problemática

A América Latina apresenta um elevado grau de unidade cultural, decorrente de sua colonização ibérica, em que as diferenças entre as colonizações portuguesa e espanhola, embora significativas, são pouco relevantes, em confronto com o restante do mundo. É certo que distintos fatores, além dos resultantes de diferenças geo-climáticas, operaram no sentido de aumentar as diferenças, como as que resultaram da maior ou menor influência de preexistentes populações indígenas, ou do superveniente ingresso de povos negros e outros. A evolução histórico-social da América Latina, isto não obstante, seguiu um caminho semelhante, o que acentuou as comuns característica culturais da região.

Tais circunstâncias e condições conduziram, em seu tempo, a CEPAL sob Raul Prebisch e o BID, sob Felipe Herrera, a preconizar a integração econômica de toda América Latina. Diversos esforços se realizaram nessa direção, como a ALALC e a ALADI, mas com resultados modestos, ademais de intentos de integração sub-regional ou temática, estes mais bem sucedidos, como principalmente Mercosul no primeiro caso e SELA, no segundo.

Decisivas circunstâncias geo-econômicas, entretanto, conduziram a América Latina, nas ultimas décadas do século XX, a uma divisão em termos econômicos. México entrou em NAFTA com Canadá e Estados Unidos. América Central e o Caribe, com a particular exceção de Cuba, sofrem irresistível atração pelo pólo norte-americano. Distintamente, na América do Sul se constituiu uma importante integração sub-regional, Mercosul, reunindo Argentina, Brasil, Paraguai e Uruguai. A Comunidade Andina constitui, igualmente, outra integração sub-regional.

Estão em marcha, por outro lado, diversas outras propostas. Mercosul – embora passando temporariamente por uma séria crise vinculada à crise da Argentina – aspira incorporar outros participantes, como Chile e Bolívia, ora em regime de associação e como Venezuela, que se mostra interessada em ingressar em Mercosul. Entendimentos entre Mercosul e a Comunidade Andina, como a cúpula presidencial que se reuniu em Brasil em julho-agosto de 2000, conduziram ao projeto de um sistema sul-americano de cooperação e livre comércio, ALCA, programado para se concretizar até fins de 2002 e empreender, até 2010, com a assistência do BID, a integração física do continente, com uma abrangente rede de energia elétrica, de rodovias e ferrovias e de telecomunicações.

Caminhando em direção oposta os Estados Unidos propõem, com ALCA, um sistema pan-americano presumidamente de livre comércio, que implicaria, embora retoricamente se pretenda denegá-lo, na supressão das demais formas integrativas da América Latina. Que conseqüências se pode extrair de tudo isso? Na verdade, importa diferenciar no caso três aspectos, que integram círculos bastante autônomos: o econômico, o cultural e o político. Nas linhas a seguir se intentará discutir, muito brevemente, estes três círculos.

Círculo econômico

A polarização econômica de América Latina entre Norte e Sul resulta num fato de características estáveis, embora possa mudar de sentido se o projeto ALCA vier a se realizar plenamente, ou seja, com a inclusão do Brasil.

A integração econômica de toda América Latina no sistema de ALCA, como propõem os Estados Unidos, em vista de seu evidente interesse nacional, apresenta indiscutíveis dificuldades, decorrentes da gigantesca assimetria entre as economias norte-americana e latino-americanas. Um regime de livre-comércio entre a mais competitiva economia do mundo e as subcompetitivas de América Latina acarretaria, por inevitável efeito, a redução do sistema produtivo latino-americano a produtos primários ou "commodities" de baixo valor agregado, como o aço. Ao mesmo tempo, os produtos de alto valor agregado, produzidos nos Estados Unidos, teriam livre acesso aos mercados latino-americanos, eliminando sua subcompetitiva concorrência. Esses efeitos adquiririam características ainda mais catastróficas se, em decorrências de imposição do Congresso Americano, os Estados Unidos se neguem a suprimir as barreiras não tarifárias que protegem, sob várias modalidades, os setores em que aquele país é menos competitivo que os latino-americanos, desde o aço e o açúcar, a sucos, artefatos de couro, têxteis e outros.

Poderá ocorrer, para países latino-americanos de pequena população, como os da América Central e do Caribe, com exceção de Cuba e de alguns poucos mais, que a abertura do mercado americano para itens de sua produção, ainda que mantidas as barreiras não tarifárias, resulte assim mesmo vantajosa. Tal ocorrerá, todavia, ao preço de uma renúncia à futura industrialização de tais países. São essas razões que levam Mercosul, em geral, e o Brasil, em particular, a se opor a ALCA. Notadamente a uma ALCA que mantenha barreiras não tarifárias.

A integração econômica do México com os Estados Unidos obedece, todavia, a condições distintas e, por tal razão, apresenta um saldo favorável (o que é discutido por alguns), mas a um preço elevado, em virtude da não incorporação, pelas maquiadoras, de insumos locais, além de por outras razões. Com efeito, reduzida à questão a seus aspectos essências, observa-se que, em virtude da larguíssima fronteira territorial entre México e Estados Unidos, cortada por excelentes rodovias e ferrovias e meios de comunicação, a integração conduziu importantes indústrias norte-americanas a deslocar, para alguns quilômetros ao sul das fronteiras, suas unidades produtivas, assim gozando de condições de produção mais baratas. Com essa vantagem – e sobretudo na medida em que venham a absorver, como presentemente não o fazem, significativos insumos mexicanos – essas empresas contribuem com suas exportações para o Norte para que se elevem à significativa cifra de US$ 150 bilhões as exportações mexicanas (comparadas aos US$ 60 bilhões do Brasil), mas mais de 80% dessa exportação se destinam aos Estados Unidos.

O regime de ALCA, ainda que mantendo discriminações não tarifárias, poderia ser favorável para América Central e o Caribe, por ampliar significativamente as exportações de seus bens primários não penalizados por proteção não tarifária, sendo os bens primários os únicos que produzem. Esse regime, por outro lado, lhes proporcionaria acesso mais barato aos produtos americanos que presentemente já importam. Tal caso, entretanto, constituiria, na prática, uma simples ampliação de NAFTA. Seriam tais vantagens extensíveis aos países da América do Sul ?

No que se refere à América do Sul importa fazer distinções entre três casos: (1) o dos países de avançada industrialização; (2) o dos países que se encontram inseridos em uma integração sub-regional que poderá lhes abrir espaço apropriado para sua industrialização e (3) o dos países que poderiam ingressar em uma integração sub-regional e assim dispor das facilidades precedentemente mencionadas.

O caso de mais avançada industrialização se aplica, em primeiro lugar, ao Brasil. Isto explica porque esse país hesita em ingressar em ALCA e se recusa a fazê-lo se todas as barreiras não tarifárias não forem suprimidas, o que dificilmente poderá acontecer. Esse é também o caso de Argentina – ora afetada por grande crise econômico-social – embora esse país, insensatamente, durante o período militar, tenha sacrificado importante segmento de sua indústria. As excelentes condições de Argentina para alta competitividade em indústrias leves ou com relevantes cotas de *design*, como no caso da Itália, tornam fáceis e rápidas as recuperações da Argentina no âmbito de Mercosul, uma vez superada a presente crise e sempre que adote firmemente uma política de reindustrialização e conte, para esse efeito, com o apoio do Brasil, que não poderá deixar de fazê-lo.

O caso de países como Paraguai e Uruguai, inseridos em Mercosul, apresenta grandes oportunidades para uma concertada especialização industrial, no âmbito do sistema. Importa, para tanto, que os países membros abandonem suas mais recentes condutas neoliberais, assumidas por influência americana e retornem a posição originaria de Mercosul - que, como, se mencionou, ora passa por uma séria crise - postura essa que era de criar concertamente posições para a otimização da economia de todos os membros. Uma vez mais, Brasil e Argentina devem apoiar tal política e não podem deixar de fazê-lo.

É em função dessas considerações que deve ser visto o possível ingresso de Venezuela em Mercosul e a desejável reconversão do Chile. Um acordo de livre-comércio entre Chile e os Estados Unidos, como ora pretende aquele país, consiste em mudar por um confortável presente medíocre um excelente futuro viável. Chile pode ser uma grande Costa Rica e tenderá a sê-lo ingressando em NAFTA. Mas poderá ser uma Suécia do Sul, se se articular adequadamente com o Mercosul.

As considerações precedentes se aplicam, *mutatis, mutandi*, aos demais países andinos. Conviria reconhecer, para países como Colômbia, Equador e Peru, a conveniência de passar por um estágio prévio, como se previu na cúpula presidencial de Brasília. Um acordo de livre-comércio desses países com Mercosul lhes daria uma gigantesca ampliação de seus mercados e permitiria a coordenação de uma futura política de espaços industriais e preferenciais no sistema de Mercosul, quando neles pudessem ingressar. Caberá, concomitantemente, proceder a uma ampla reorganização de Mercosul, dele se fazendo um sistema de eqüitativa otimização econômica para todos os partícipes.

Resta aos países precedentemente mencionados a alternativa de ALCA. Nesse caso teriam as vantagens que se abrem para América Central e Caribe. Ocorre, entretanto, que esses países têm população muito maiores que a dos precedentemente referidos e significativas possibilidades industriais a médio prazo em sua articulação com um Mercosul devidamente reestruturado, possibilidades a que renunciariam definitivamente ingressando em ALCA.

Uma distinta ALCA, sem embargo, poderia deixar de ser um astucioso instrumento a serviços das exportações americanas se, em lugar de presumido regime de livre-comércio, instituir um equânime regime de intercâmbio. Trata-se, no fundamental, de abrir o mercado norte-americano às exportações latino-americanas (de modesto peso relativo na pauta importadora americana), em troca de uma equilibrada abertura da América Latina a inversões americanas que incrementem a capacidade tecnológica e exportadora da América Latina. Uma discussão mais intensa dessa questão requereria, entretanto, um estudo próprio.

Importaria ainda mencionar, neste quadro, o caso de Cuba. O que empresta a Cuba suas características especiais não é *somente*, nem mesmo principalmente, sua opção por um regime socialista. A particularidade de Cuba, por parte de uma ilha caribenha, é sua opção por sua autonomia nacional. Não importa, para os fins deste breve estudo, discutir os problemas que tenderão a se apresentar a Cuba, em seu futuro pós-Castrista. O que importa é assinalar, ainda a curto prazo, que a viabilidade doméstica e internacional de Cuba – por largo tempo garantida pelo mundo socialista – necessita atualmente de uma estreita articulação com Mercosul, ademais de com o restante da América do Sul, com a União Européia e com a China.

Círculo cultural

Como se mencionou precedentemente, a América Latina apresenta um alto nível de unidade cultural. Nenhuma outra região do mundo ostenta essa condição. Seria inútil sublinhar a pluralidade cultural e lingüística da Europa que, não obstante, logrou sua unidade na União Européia. O mesmo cabe dizer de África e Ásia. E se é certo que o Islã proporciona aos países que o integram um elevado nível de unidade cultural, importa reconhecer que suas línguas não permitem (como basicamente ocorre com o português e o espanhol) um recíproco entendimento direto oral. Só são inteligíveis por escrito. A unidade cultural de América Latina é um raro tesouro de que dispõem seus países e que obviamente importa cultivar.

Que problemas e que tarefas se impõem à América Latina, em face de sua unidade cultural? Importa distinguir duas principais questões: a relativa à preservação dessa unidade cultural e à utilização que convenha lhe dar.

Todas as culturas contemporâneas estão expostas, em maior ou menor grau, à influência cultural do inglês, que se tornou, como o latim na Idade Média, ou o francês, na Ilustração, a língua franca do mundo civilizado. Essa influência é muito mais forte na América Latina por causa da poderosa influência americana e sua imediata vicinalidade com os Estados Unidos, no norte do continente. Assim sendo, o que passa e o que se deve fazer?

A experiência histórica mostra que, a largo prazo, as culturas que perdem sua independência política deixam de ter também o comando de sua própria cultura e são colonizadas pela cultura predominante. Tal ocorreu com a dominação das culturas orientais antigas pela cultura grega, na seqüência das conquistas de Alexandre. Tal ocorreu, outra vez, com o latim, na seqüência da formação do Império Romano.

Estará ocorrendo tal fenômeno na América Latina? A resposta, presentemente, comporta uma cautelosa reserva. No caso mais imediatamente exposto, que é o do México – particularmente nas regiões fronteiriças – observa-se que entre as duas culturas, a nível popular, a americana predomina no terreno dos *gadgets* e a mexicana, no domínio dos usos e valores. Os instrumentos domésticos, *freezer*, *washing machine* e outros, são facilmente denominados em inglês no lado mexicano da fronteira. No lado americano da fronteira, entretanto, as pessoas fazem cozinha mexicana e dançam e cantam músicas mexicanas.

Algo diverso ocorre com a cultura erudita. Os latino-americanos cultivados mantêm em bom nível seu próprio idioma, mas são obrigados a usar o inglês para suas comunicações internacionais. Isto, todavia, também ocorre com os europeus de língua não inglesa. A universalização do inglês, como ocorreu com o latim e o francês em seus respectivos períodos de predominância, é algo de inevitável e constitui um entre os muitos sinais da predominância americana. Ante tal situação, o que importa é determinar o que se deve fazer para a preservação por América Latina de sua própria cultura e, mais ainda, para sua possível e desejável projeção internacional.

Sem estender demasiadamente esta questão, que comportaria um amplo estudo próprio, três aspectos merecem breve referência: (1) a intercomunicação na América Latina; (2) o emprego internacional do espanhol; (3) a específica contribuição da cultura latino-americana para o mundo.

A particular vantagem da América Latina, relativamente a outras regiões do mundo consiste, como já mencionado, na recíproca direta comunicação oral de seus dois idiomas. Tal fato, proveniente das comuns raízes das duas línguas, imediatamente derivadas do latim e procedentes do galego arcaico, requer um consciente e deliberado fortalecimento pela gente cultivada da região. O hábito de ler diretamente em espanhol, generalizado entre as pessoas cultivadas do Brasil, não encontra correspondente prática entre os hispanófonos de América Latina, com a relativa exceção de Argentina e Uruguai. Essa prática necessita de incentivo por parte das autoridades públicas e dos intelectuais. Não corresponde aos limites desse breve estudo mais extensa elaboração desse tema, mas importa que fique registrada sua relevância.

O segundo aspecto a considerar decorre do fato de que, em termos efetivos, o espanhol se constituiu como a segunda língua internacional do Ocidente. Esse fato, que não foi provocado deliberadamente, mas que se constituiu em algo de corrente, merece sustentação por parte dos latino-americanos, inclusive os de fala portuguesa, sem restrições suscitadas por infundados ciúmes.

O terceiro aspecto da questão, precedentemente formulado, é o mais importante. Que contribuição pode dar a cultura latino-americana ao mundo? É evidente que a literatura, a música, as artes plásticas de América Latina ocupam, presentemente, um amplo espaço no mundo. Importa prosseguir com essa influência e desenvolvê-la. Isto não obstante, há algo mais de que os latino-americanos e o mundo em geral não se deram devidamente conta. Trata-se do fato de que América Latina dispõe em sua cultura, tanto a nível popular como a nível erudito, de uma das contribuições de que mais necessita o mundo contemporâneo: o humanismo.

Simplificando ao extremo uma questão muito complexa pode se afirmar que o mundo contemporâneo e ainda mais o provir do mundo, dependem de uma feliz articulação entre o progresso cientifico-tecnológico e o humanismo. Os Estados Unidos contribuem atualmente, mais que todos os demais países, para o progresso científico-tecológico do mundo, mas carecem dramaticamente de algo que empreste um significado e um valor superior à vida: um novo humanismo. América Latina contém esse humanismo, espontaneamente no nível do povo e articularmente, no nível de seus melhores intelectuais. Carece, não obstante, para ultimar sua modernização, de melhor desenvolvimento cientifico-tecnológico. No mundo americano se dispõe de um gigantesco acervo de instrumentos e processos a serviço da vida (e também do extermínio da vida) mas não se sabe o que fazer com a vida. As pessoas são escravas dos *gadgets* e de uma tecnologia vazia de conteúdo próprio. O mundo latino-americano abunda, tanto a nível popular como erudito, de humanismo, desse humanismo novo, social e ecológico, de que depende a sobrevivência do mundo. Carece, todavia, de maior competência cientifico-tecnológica. Aí se encontra o grande intercâmbio cultural de que necessita o mundo: modernização cientifico-tecnológica da América Latina e humanização dos Estados Unidos e do mundo, em geral.

A verdadeira ALCA não deve consistir na artificiosa montagem de uma liberdade de comércio que só favorecerá, unilateralmente, os Estados Unidos. Deve consistir num amplo acordo cultural em que os Estados Unidos contribuam com seu precioso legado científico-tecnológico e a América Latina com seu ainda mais precioso legado humanista. Para esse efeito, entretanto, os Estados Unidos necessitariam atingir um patamar de autoconsciência crítica de que estão terrivelmente distantes.

Círculo político

Contrariamente às aparências e ao entendimento corrente da questão, é no círculo político, mais do que no econômico, que residem os interesses mais fundamentais da América Latina e de seus processos de integração. O assunto apresenta dois principais aspectos: o que se relaciona com a autonomia dos países latino-americanos e o que se relaciona com sua possível contribuição para a formação de uma nova ordem internacional mais racional e eqüitativa.

O processo de globalização em geral, notadamente no caso de América Latina, tem poderosos e terríveis efeitos desnacionalizantes, particularmente sobre os países menos desenvolvidos. A minimização do Estado, a abertura do mercado às forças internacionais e a supressão de regulações, sob a suposição de que o mercado se auto-regula de forma otimizante para a economia, conduzem à desnacionalização dos países, tanto mais fortemente quanto mais subdesenvolvidos e periféricos forem. Cuba logrou manter sua autonomia, mas para isso pagou um alto preço.

Persistem em muitos países subdesenvolvidos as soberanias formais: hino, bandeira, exército de parada, e eleição, quando democráticos, de seus dirigentes. Todas as decisões relevantes, entretanto, são exógenas, ditadas por multinacionais e pela potência hegemônica. Esses países se convertem em meros segmentos do mercado mundial e em "províncias" do sistema americano e suas autoridades ficam subordinadas às conveniências desse mercado e desse sistema, independentemente de sua vontade (quando tal vontade exista) tornando-se meros administradores de forças exógenas. Que pode fazer a América Latina ante o rolo compressor da globalização?

O problema resulta muito complicado pelo fato de que, nas atuais condições, o antigo protecionismo, além de praticamente fora do alcance dos países débeis, apresenta efeitos negativos ao exacerbar o atraso tecnológico e a carência de capitais. Por outra parte, a abertura neoliberal conduz à liquidação do Estado e à dominação exógena de tais países. O que se pode fazer?

A resposta a tal questão não é disponível para todos os países subdesenvolvidos, como ocorre com muitos países africanos, por razões que extravasariam este estudo. O que importa assinalar é o imperativo da preservação da mais ampla margem possível de autonomia, através de processos de integração regional ou sub-regional. Essa é a principal contribuição de Mercosul (sem prejuízo de seus necessários aperfeiçoamentos) para os seus partícipes. Será também a principal contribuição de um sistema sul-americano de cooperação e de livre-comércio, como proposto pela cúpula presidencial de Brasília, com o qual deverá se articular Cuba. No âmbito de tais sistemas os países disporão de condições para um desenvolvimento satisfatoriamente autônomo, gerando facilidades para que ampliem e melhorem seus setores produtivos, até alcançarem competitividade internacional.

A preservação, mediante apropriados mecanismos integrativos, da mais ampla margem possível de autonomia constitui, para os países subdesenvolvidos, notadamente no caso da América Latina, o modo pelo qual podem manter sua identidade nacional no curso das próximas décadas, período no qual se encontrarão sob forte pressão hegemônica por parte dos Estados Unidos.

Se tais países lograrem preservar margens satisfatórias de autonomia, no caso mais provável de que o mundo, na segunda metade do século, venha a se regular por uma ordem multipolar, tais países poderão superar sua atual condição de dependência e se elevar para o nível intermediário de resistência[6]. Procedendo desta forma, disporão de margem muito mais ampla de autonomia se, e quando, se constitua no mundo um regime multipolar. Se, entretanto venha, distintamente, a se configurar a consolidação da hegemonia mundial norte-americana, os países que até então tenham preservado margens satisfatórias de autonomia, ingressarão no novo regime em condições muito mais favoráveis de que os que se tenha desde agora satelizado.

É por tal razão que importa consolidar, aprofundar, aperfeiçoar e expandir o Mercosul e constituir um sistema sul-americano de livre-comércio, fora da armadilha de ALCA, tal como esta presentemente é proposta pelos Estados Unidos.

A outra relevante dimensão da questão política para América Latina é a contribuição que a região pode dar para a formação de uma nova ordem mundial multila-

---

[6] Em outros estudos indiquei como, na atual estatificação internacional, os países se distribuem entre três níveis: (1) nível diretivo (EUA, UE, Japão), (2) nível de resistência (China e Rússia) e (3) nível de dependência, (os demais).

teral, mais eqüitativa, sem hegemonias dominantes, que dependerá do êxito que alcancem os sistemas integrativos na região. A contribuição da América Latina para esse objetivo tem uma relevância sobre a qual não se formou, até o momento, uma devida compreensão. Tal relevância tem dois aspectos interrelacionados. Por um lado, decorre do fato de que uma posição de autonomia internacional por uma América Latina respaldada por apropriados mecanismo de integração, exercerá poderosa influência no sentido de fomentar as tendências para uma política externa independente por parte da Europa "europeista". Com isto dará significativa contribuição para uma nova ordem mundial mais eqüitativa.

Por outro lado, uma política latino-americana, apropriadamente respaldada, de autonomia internacional, concertadamente com os setores europeisantes da UE, terá um decisivo efeito na formação de uma nova ordem mundial multipolar. *Esse efeito consistirá na formação de um importante pólo, no âmbito desse novo sistema, que seja independente dos Estados Unidos, mas não anti-americano nem anti-ocidental.*

Corre o mundo, com efeito, o risco de que a hegemonia mundial norte-americana, ora em avançada expansão, venha a ser contida, exclusiva ou predominantemente, por forças potencialmente anti-americanas, como seria o caso de uma ordem mundial multipolar fundada na futura condição de superpotência de China e Rússia. Se é certo que a hegemonia norte-americana não é compatível com a liberdade dos demais países, inclusive com a preservação, na própria sociedade americana, de sua liberdade interna – porque toda hegemonia se converte necessariamente em um sistema autoritário – não é menos certo que uma ordem mundial efetivamente racional e equânime não pode ser anti-americana e nem anti qualquer outro país. A formação de um sistema internacional independente, compreendendo América Latina incluindo Cuba e a União Européia, é condição necessária para que uma futura ordem mundial multipolar, em que China, Rússia e outros países não ocidentais tenham importante peso, não fique exclusiva ou predominantemente sob influência de países hostis aos Estados Unidos.

Nesse sentido, contrariamente à impressão superficial que predomina nos Estados Unidos, uma posição de independência e autonomia de América Latina e da UE vem ao encontro dos bem entendidos interesses do povo americano. Uma completa hegemonia americana, tão cara a sua elite de poder, seria incompatível com a preservação da liberdade interna e de uma efetiva democracia nos Estados Unidos. Se, nos países dominados, a soberania se converteria em mera aparência, com exército de parada e políticos compelidos a satisfazer interesses exógenos, nos Estados Unidos sua hegemonia mundial converteria a democracia americana também em regime de parada em que as autoridades eletivas estariam compelidas a seguir os desígnios da elite do poder. Para a democracia americana e para o mundo, em geral, a única ordem mundial desejável e razoável será aquela em que o resultante sistema multipolar não seja nem anti-americano, nem anti-chinês e nem anti-russo, nem anti qualquer outro país.

Peculiaridade mexicana

Embora um breve estudo como este tenha que limitar sua abrangência, é indispensável, para o caso de América Latina, além das considerações já expendidas a respeito de Cuba, se discutir, de forma extremamente sucinta, a situação peculiar do México. Como pode o México compatibilizar sua condição de membro de NAFTA com a preservação de sua identidade cultural e de sua autonomia nacional?

Sobre a questão da identidade cultural de México e seu profundo caracter latino-americano não parece necessário acrescentar nada ao que foi brevemente dito no tópico relativo ao círculo cultural. México e Argentina entre os hispanófonos e Brasil, por outro lado, são os três principais pilares da cultura latino-americana. Consta do tópico sobre o círculo cultural o que de mais relevante caberia mencionar a esse respeito.

O que exige um breve esclarecimento final é a questão de como México possa preservar satisfatórias margens internas e externas de autonomia no âmbito de NAFTA. Essa questão apresenta vários aspectos, além do político. No essencial, as autoridades mexicanas já se deram perfeitamente conta da questão ao intentar, dentro do possível, diversificar suas relações de comércio. A esse respeito cabe a Mercosul e aos países andinos estabelecer com o México regimes eqüitativos de comércio independentemente de NAFTA e, caso se concretize, de ALCA.

É na dimensão política, todavia, que reside a essência do problema. Essa depende, predominantemente, do próprio México. Se o México, no âmbito de NAFTA, seguindo a orientação ideológica dos Estados Unidos, adotar, domesticamente, uma política neoliberal, como suposta condição para se manter atrativo a capitais norte-americanos, sua autonomia interna irá gradual, mas aceleradamente, desaparecendo e, com ela, sua autonomia externa. Se, diversamente, México, sem embargo de preservar condições adequadas para atrair capitais estrangeiros – e não somente norte-americanos – mantiver, não obstante, um Estado forte, autônomo, e com satisfatória capacidade regulatória, sustentará, concomitantemente, sua autonomia interna e externa. A esse respeito, uma vez mais, compete aos países sul-americanos manter uma estreita cooperação internacional com México, orientada no sentido de contribuir para a formação de uma ordem mundial multipolar, nem anti-americana, nem anti-chinesa, mas racional e eqüitativa. Se tal atitude reforçará as condições de autonomia no México, também reforçará a autonomia do conjunto latino-americano. Não pode haver América Latina sem México, como aquela não poderá existir sem Argentina e sem Brasil.

III

DEFESA NACIONAL

1. INTRODUÇÃO

Por Defesa Nacional entende-se o conjunto de meios de que disponha um país para dissuadir a prática de agressões, militares ou de outra sorte, por parte de outras potências e, ocorrendo estas, para exitosamente as repelir. São elementos básicos, para a formulação de uma política de defesa nacional, a identificação dos mais prováveis riscos militares e outros a que esteja sujeito um país e a determinação, em termos exeqüíveis, dos recursos necessários para uma satisfatória dissuasão de agressões e para, ocorrendo estas, exitosamente as repelir.

No caso do Brasil e nas presentes condições do mundo são cinco os principais riscos de agressão militar a que o país está sujeito: (1) agressão militar pela superpotência ou por grandes potências; (2) idem, por países vizinhos; (3) por desdobramento de conflitos militares nas fronteiras; (4) por ação de narcotraficantes e (5) por decorrência de rebeliões internas.

Os meios de que o Brasil dispõe para dissuadir tais agressões e, ocorrendo estas, exitosamente as repelir, são nitidamente inferiores ao mínimo satisfatório. Deve-se essa situação, por um lado, ao fato de que se tornaram muito improváveis e remotos os riscos de uma agressão militar ao país, o que não estimulou a preparação militar. Por outro, ao fato de que, de longa data, o país se defronta com a necessidade de se impor severas restrições orçamentárias, de sorte a preservar a estabilidade da moeda, o que sacrificou criticamente os recursos alocados à defesa nacional.

A improbabilidade de agressões militares ao Brasil decorre do fato de que as excelentes relações mantidas com os países vizinhos, assentadas num regime de estreita cooperação instituídos por ALADI e Mercosul, só tendem a ser cada vez mais cooperativas, tornando os riscos de um conflito militar algo de próximo a zero. A probabilidade de agressões militares ao Brasil por parte da superpotência ou das grandes potências também é extremamente remota, dada a comunidade de valores e de interesses.

No que se refere à superpotência e, mesmo, a grandes potências, o desnível de recursos do Brasil, em relação a tais países, é de tal ordem que nenhuma solução militar para a defesa nacional, é contemplável em futuro previsível. Ocorre, apenas, como a seguir se indicará, que os riscos para a defesa nacional procedentes de tais países não são de caráter militar, e sim de natureza econômico-financeira, tecnológica e política.

O recursos de que dispõe o Brasil são suficientes para a dissuasão e eventual repulsa de agressões militares que pudessem partir de um país vizinho, sempre que este atuasse por conta e com recursos próprios. Esse risco, entretanto, como precedentemente dito, é praticamente inexistente. Mais significativo, todavia, é o risco de um país vizinho ser infiltrado ou utilizado por terceiras potências, para intimidar o Brasil e eventualmente agredi-lo. Para esse caso o desaparelhamento de nosso sistema de defesa apresenta deficiências críticas.

No que se refere aos riscos decorrentes do transbordamento, para o território nacional, de conflitos militares nas fronteiras (caso da Colômbia), bem como no tocante a hostilidades militares procedentes de rebeliões internas, o Brasil dispõe dos recursos necessários para exitosamente enfrentá-los, se não houver a intervenção de terceiras potências. O mesmo não caberia dizer com relação às implicações militares de ações de maior envergadura praticadas por narcotraficantes. Esse risco, não desprezível, requer modalidades especiais de contenção e repressão que não são exclusiva, nem mesmo predominantemente, militares, para ocorrer ao qual o Brasil não está, presentemente, satisfatoriamente preparado. Essa questão, todavia, exigiria um tratamento específico, que ultrapassa os propósitos do presente estudo.

2. O GRANDE DESAFIO

Riscos não-militares

Como precedentemente mencionado, o Brasil não dispõe de condições, em futuro previsível, de se dotar dos recursos necessários para um satisfatório poder de dissuasão e, menos ainda, de exitosa repulsa, de agressões militares procedentes da superpotência e mesmo de grandes potências. O risco desse tipo de agressão, todavia, embora não seja igual a zero, é extremamente reduzido. Não sendo possível se a confrontar militarmente, tal possibilidade não deve ser contemplada em termos militares.

Condutas hostis de parte da superpotência ou de grandes potências, diversamente do risco militar, são altamente prováveis e requerem apropriada resposta. Esse é o problema de defesa nacional que demanda séria consideração. Tais condutas terão, predominantemente, caráter econômico-financeiro, tecnológico e político.

As medidas econômico-financeiras aplicáveis contra o Brasil se relacionam, predominantemente, com a excessiva dependência em que o país se encontra do sistema financeiro internacional. Crucial, a esse respeito, é a debilidade cambial do país, decorrente da necessidade de ingresso de vultosos capitais estrangeiros para compensar nossos déficits em transações correntes, ultimamente da ordem de US$ 20 bilhões por ano e da necessidade de rolagem da dívida externa, da ordem de US$ 30 bilhões por ano[7]. A dependência, por parte do Brasil, desses capitais, permite que se os utilize para nos impor determinada orientação ou para forçar a adoção de determinadas medidas, sob pena de suspensão de transferências financeiras ou da concessão de créditos externos.

O próprio fato de que, nos últimos anos, se acentuou a transferência de ativos nacionais para o controle estrangeiro, com as privatizações e compra de empresas nacionais por grupos forâneos elevou, exageradamente, a margem de controle estrangeiro das empresas domiciliadas no Brasil. Dentre as 500 maiores empresas baseadas no país, 47% são controladas por capitais estrangeiros – entre essas encontram-se as mais estratégicas. Observe-se, a esse respeito, que essa grande margem de desnacionalização não acarretou significativo progresso tecnológico, nem incremento de nossas exportações. Consistiu em mera transferência, para grupos forâneos, do controle de ativos nacionais. Considerando-se os efeitos dessa transferência em termos puramente objetivos, o que resultou, em troca do ingresso de um significativo fluxo financeiro – que veio a ser consumido pela despesa corrente – foi a de se gerar um sistema produtivo que aufere lucros em moeda nacional para convertê-los em remessa de dividendos em dólares. Gerou-se, igualmente, um importante grupo de empresas que preferem importar de suas matrizes externas os insumos e a tecnologia que poderiam adquirir no Brasil. Gera-se, finalmente, um poder econômico privado que é utilizado, ainda quando de forma perfeitamente legal, para influenciar, em função de interesses alienígenas, a opinião pública-brasileira.

---

[7] A exagerada desvalorização do real nos meses que precederam a eleição de Lula, gerou um superávit comercial devido a restrição da importação que constitui um fenômeno anômalo, cujos efeitos deixarão de se fazerem sentir quando a taxa cambial voltar a se aproximar do nível do equilíbrio dos preços em reais e em dólares.

Não menos importantes são os efeitos restritivos de ordem tecnológica, quer da tecnologia já existente, sob forma de patentes, quer da tecnologia emergente, sob diversas modalidades. Tais efeitos, ou bem limitam ou encarecem o desenvolvimento brasileiro, ou logram concessões restritivas da soberania nacional, como no inaceitável caso da base espacial de Alcântara. Compete ao governo Lula a indispensável revisão desse acordo.

O aspecto político dos constrangimentos que se exercem sobre a autonomia do Brasil se faz sentir, ademais de por pressões diretas, pela intermediação de agências internacionais, como o FMI, a OMC e outras que dispõem de condições para impor restrições cerceadoras das possibilidades de desenvolvimento de países emergentes como o Brasil, notadamente no que se refere a uma indispensável margem de intervenção promocional e regulatória do Estado.

Alternativas do Brasil

A implosão da União Soviética, em 1991, deixou os EUA como única superpotência mundial. Como se expõe na primeira seção deste livro, fatores internos e externos restringiram as possibilidades do exercício, pelos Estados Unidos, de uma incontrastável hegemonia mundial, sem prejuízo de aquele país dispor de condições de ampla predominância internacional. O governo Bush, por tendência própria, reforçada pelos atentados terroristas de 11 de setembro de 2001, assumiu um unilateralismo declarado e busca autolegitimá-lo tendo em vista as contingências de defesa própria e os requisitos de um eficaz combate ao terrorismo internacional. Esse unilateralismo conduz o governo americano a se arrogar o direito de definir o que é o terrorismo internacional e quem o pratique e de interferir, pelos meios que julgar convenientes, inclusive militares, na contenção preventiva dos riscos terroristas. Correlatamente, o governo Bush adotou a posição de considerar como contrários aos EUA os países que não o apoiem convenientemente.

Essa posição americana conduz países como o Brasil à alternativa de, ou aceitarem um alinhamento quase automático com determinadas posições americanas, ou assumirem uma posição de confrontação, embora não necessariamente de caráter antagônico.

A aceitação, pelo Brasil, de um alinhamento básico com os EUA conduz, por um lado, à antecipada renúncia a um destino nacional próprio e, por outro, implica na aceitação de um modelo econômico neoliberal, incompatível com um desenvolvimento nacional autônomo e com as medidas necessárias para modificar o perverso perfil social do país. A adoção de uma linha de autonomia, relativamente aos EUA, importa em assumir o risco de uma posição de confrontação, para a sustentação da qual o país necessitará de um conjunto de medidas apropriadas.

Observe-se, relativamente ao projeto de um destino próprio, como se discute na seção I deste livro, o fato de que a possibilidade do mesmo depende do curso que venha a seguir, até meados do século, o sistema internacional. Se, nesse período, se consolidar e universalizar a atual quase-mundial hegemonia dos EUA, nenhum destino nacional próprio será possível. Não tem sentido, porém, se renunciar a esse destino por antecipação. Se, ao contrário, vier a se constituir um regime multipolar, uma renúncia antecipada a um destino nacional próprio condenaria o Brasil, por antecipação, a um satelitismo de que poderia se ter livrado.

É importante, no que concerne à opção, pelo Brasil, de uma posição de autonomia internacional, ainda que exercida em termos extremamente razoáveis, reconhecer o fato, por mais legítima que seja tal posição, relativamente a um país que assume efetivamente, e não apenas retoricamente, sua soberania, de que essa linha de conduta se opõe à margem de unilateralismo de que os Estados Unidos pretendem dispor no mundo, em geral e na América Latina, em particular. Assim, por mais razoável e prudente que seja a posição autonômica que o Brasil adote, tal posição tenderá, a partir da perspectiva americana, a assumir um caráter confrontacional.

Dentro das atuais condições internacionais, no âmbito das quais a elite de poder americana intenta exercer seus desígnios unilateralistas, é importante distinguir, no que se refere a uma posição de autonomia internacional, por parte do Brasil, uma confrontação antagônica de uma autonômica. Nenhum país, nas presentes condições internacionais, dispõe de condições para sustentar uma posição antagônica com os Estados Unidos. Países europeus como França e Alemanha, ou um país como a China, que mantêm posições de autonomia internacional, tentam minimizar suas áreas de confrontação com os Estados Unidos e, quanto a estas, lhes imprimem um caráter autonômico, e não antagônico. A insensatez de Saddam Hussein o levou a emprestar caráter antagônico a sua confrontação com os EUA para, ante a iminência de uma devastadora agressão militar, tentar convertê-la numa confrontação autonômica e permitir a irrestrita inspeção, por agentes das Nações Unidas, de seus arsenais.

Distintamente de Saddam Hussein, o Brasil não tem nenhum motivo para assumir uma posição antagônica em relação aos Estados Unidos. Predomina, ao contrário, no Brasil, um sentimento de simpatia para com o povo americano, um alto apreço por sua capacidade de iniciativa, por seu espírito de liberdade, por suas instituições democráticas, por sua relevante contribuição para a ciência e a tecnologia, ademais, no âmbito da juventude, do fascínio por sua cultura "pop". Por outro lado, diferentemente de outros países, na América Latina e alhures, o Brasil é uma sociedade que, a despeito de terríveis desigualdades sociais, apresenta um índice extremamente elevado de integração nacional. É uma nação com consciência de si mesma, que quer ter um destino histórico próprio. Daí o amplo predomínio, no povo brasileiro, da vontade de autonomia doméstica e internacional. Essa vontade entra em confrontação com o projeto hegemônico da elite de poder americana. Tal projeto não representa uma aspiração, por parte do povo americano, a uma hegemonia mundial. É, restritamente, um projeto da elite de poder, daquilo que Eisenhower denominava de "complexo industrial-militar" e que ele submeteu ao controle dos processos democráticos. Essa elite, entretanto, com o unilateralismo do governo Bush, intenta impor ao mundo, em geral e à América Latina, em particular, o predomínio de seus interesses e de seu modo de ver as coisas. É a isso que o Brasil terá de reagir, daí decorrendo uma provavelmente inevitável margem de confrontação. Uma confrontação com os Estados Unidos, entretanto, é sustentável pelo Brasil sempre que a situar, inequivocamente, como corresponde a seus interesses e a sua vontade, em termos não antagônicos, mas simplesmente autonômicos.

Essa posição requer medidas negativas e positivas. Entre as negativas sobressai o imperativo de não dispor de armas de destruição de massa, de sorte a que a autonomia brasileira não apresente nenhum potencial de risco para a segurança americana. Pela mesma razão o Brasil deve se abster de alianças, com implicações militares, com países não amigos dos EUA. Esta última questão necessita receber um tratamento muito adequado, dada a conveniência, de parte do Brasil, de manter e estreitar relações de cooperação econômica e tecnológica com os três outros países emergentes de dimensões semicontinentais, China, Índia e Rússia. Estes países, embora não sejam inimigos, figuram entre os que mantêm com os EUA significativa margem de confrontação autonômica. O indispensável estreitamento das relações do Brasil com tais países deverá ser feito de forma extremamente transparente, eliminando qualquer implicação de que o Brasil deles busca obter armas secretas ou a eles conceder facilidades para posições anti-americanas.

Medidas domésticas

Além de medidas de caráter negativo, como as precedentemente indicadas, o Brasil precisará adotar medidas de caráter positivo, tanto domesticamente como no plano internacional. No que se refere ao âmbito interno cinco medidas se revestem de crucial importância:

(1) Formação e sustentação de um amplo apoio popular ao projeto de autonomia nacional;
(2) Superação, com a possível celeridade, da atual dependência do capital financeiro internacional, mediante medidas que conduzam à supressão de déficits em transações correntes;
(3) Adoção de um modelo econômico autonomizante e conducente a altas taxas de poupança doméstica e de crescimento do PIB;
(4) Aceleração do desenvolvimento social e econômico-tecnológico, visando a atingir, no horizonte de 2020, o patamar social da Espanha e o econômico-tecnológico da Itália atuais;
(5) Redução, a uma taxa não superior a 30% do controle estrangeiro de nossas principais empresas, ora da ordem de 47%.

A indispensabilidade das medidas supra enumeradas é auto-evidente e dispensa maiores justificações. A formação de um amplo apoio popular ao projeto de autonomia nacional constitui condição estritamente necessária para conter e desmistificar a cavilosa oposição que se fará sentir, no Brasil e no exterior, a um projeto efetivamente autonomizante, por parte de setores vinculados à manutenção da dependência do Brasil para com o sistema financeiro internacional e o "império americano". A campanha antiautonomia assumirá as mais diversas formas, desde a invocação da necessidade de capitais e técnicas estrangeiras, alegadamente obstaculizados por políticas autonômicas, até a presumida defesa do direito, por parte do consumidor brasileiro, de importar os bens que bem deseje. Os aspectos falaciosos de campanhas desse tipo podem ser racionalmente desmistificados, mas o impacto público de tais campanhas, que disporão dos maiores recursos propagandísticos, só poderá ser contido se o projeto de autonomia nacional contar com o mais amplo apoio popular.

A superação da atual dependência brasileira do sistema financeiro internacional é o principal requisito de uma política de autonomia nacional. É a vulnerabilidade cambial que imobiliza o Brasil e o coloca em posição de completa dependência do sistema financeiro internacional. As medidas requeridas para esse efeito são sucintamente discutidas na última seção deste livro.

A superação dos déficits em transações correntes libera o país dos entraves que o imobilizam e permite a adoção de um modelo de desenvolvimento nacional autônomo, equivalente ao que foi executado nas décadas de 1950 a 1970. O novo modelo não poderá ser uma simples reiteração do anterior, dadas as grandes transformações desde então ocorridas no mundo e no Brasil. Ter-se-á de levar em conta o processo de globalização e a mais estreita interdependência que tal processo gerou no mundo entre as economias de mercado. Mas terá de se administrar esse processo em termos optimizantes para o Brasil, como exitosamente o estão fazendo países tão diversos como China, Índia, Coréia, Malásia, e outros.

A aceleração do desenvolvimento social e econômico-tecnológico do Brasil, como discutido na seção I deste livro, é algo que se impõe em virtude do drástico e rápido estreitamento da permissibilidade internacional que presentemente se faz sentir. Como precedentemente se indicou, ou bem o Brasil atinge, no curso das duas próximas décadas, um satisfatório patamar de desenvolvimento sustentável, assim assegurando a preservação de sua autonomia doméstica e internacional, ou se converterá num mero segmento do mercado internacional, como uma "província" do "império americano".

O último requisito, a redução a não mais de 30% (como o fazem os EUA) da margem de controle estrangeiro de grandes empresas brasileiras tem a ver com a necessidade de compatibilizar o sistema produtivo do país e o tipo de gestão a que esteja submetido com as necessidade de um projeto de autonomia nacional. Esta se tornaria pouco viável se, em virtude de seu controle por capitais estrangeiros, um número excessivamente grande, entre as principais empresas do país, privilegie seu relacionamento com matrizes estrangeiras, relativamente ao entorno nacional e converta lucros realizados em moeda nacional em remessas de dividendos em dólares, sem ter contribuído, com suas exportações, para a formação desses dólares.

Medidas internacionais

Concomitantemente com indispensáveis medidas domésticas, a viabilidade de um projeto de autonomia nacional depende da adoção, por um país como o Brasil, de diversas medidas internacionais. Dentre essas, seis se revestem de particular relevância:

(1) Irreversível consolidação de Mercosul;
(2) Formação de um sistema sul-americano de cooperação e livre-comércio, ultimando-se, com a possível urgência, entendimentos em curso entre Mercosul e a Comunidade Andina;
(3) Recusa, por parte do Brasil e dos demais países membros de Mercosul, de aderir ao projeto ALCA, tanto por causa de sua configuração unilateralmente protecionista dos EUA como porque, suprimindo todas as tarifas entre as três Américas, esse projeto é incompatível com Mercosul, que requer uma tarifa externa comum;
(4) Ajuste, com a União Européia, de entendimentos encaminhados para o fortalecimento do multilateralismo internacional;
(5) Ajuste, com os três outros países subdesenvolvidos de dimensões semicontinentais, China, Índia e Rússia, de entendimentos para uma estratégia internacional preservadora de suas respectivas auto-

nomias e favorecedora de seu desenvolvimento econômico-tecnológico;

(6) Ajuste, com os Estados Unidos, de um novo modelo de cooperação que leve em conta, ademais de um regime de comércio quantitativa e qualitativamente equilibrado, a adoção de medidas em que a abertura do mercado brasileiro para empresas americanos gere, em contrapartida, significativas contribuições tecnológicas e exportadoras.

Como no caso anterior, as medidas referidas são de procedência auto-evidente. Um projeto autonômico brasileiro não é sustentável sem a concomitante adoção das medidas em questão. Sem dar à matéria mais extensa elaboração, mencione-se, em primeiro lugar, a absoluta relevância de uma irreversível consolidação de Mercosul. O tema Mercosul se encontra amplamente discutido nas demais seções deste livro. E se é certo que, entre os países membros do sistema, o Brasil seria o que disporia de melhores condições de sobrevivência autônoma sem o amparo de Mercosul – o que não ocorre com os demais partícipes – não é menos certo o fato de que, sem tal amparo, um projeto autônomo brasileiro se tornaria incomparavelmente mais difícil e, portanto, de êxito problemático.

Em outras seções deste livro se mostra como, em matéria de Mercosul, é indispensável que o Brasil tome a iniciativa de uma ampla reformulação do sistema, de sorte a que dele se faça o principal instrumento de optimização econômica dos partícipes, incluindo, entre outras medidas, uma política industrial comum. Um Mercosul irreversivelmente consolidado proporcionará aos países membros, entre outros, dois benefícios fundamentais. Por um lado, lhes dará condições para que, no âmbito de Mercosul, se desenvolvam empresas que adquiram competitividade internacional. Por outro, proporcionará a cada país membro um poder de negociação internacional que nenhum deles, inclusive o Brasil, poderia isoladamente ter e que representará, mais do que um somatório, uma multiplicação do peso internacional dos partícipes.

A formação de uma Área de Livre Comércio Sul-Americana-ALCSA, constitui outro indispensável requisito para um política autônoma do Brasil e dos demais países da região. A matéria está discutida na segunda seção deste livro e não requer, aqui, maior desenvolvimento. A formação de um sistema sul-americano de cooperação e livre-comércio, dentro de um regime eqüitativo, que leve em conta as assimetrias regionais, é algo de extremamente conveniente para todos os membros. Por outro lado, na medida em que os países andinos, ademais de aderir a ALCSA, também queiram juntar-se a ALCA, aquela lhes dará o grande benefício de acesso ao mercado dos países de Mercosul, notadamente do Brasil, com recíproca vantagem para os países de Mercosul nos países andinos, protegendo-os dos inconvenientes de um oligopólio americano.

A consolidação de Mercosul requer, por parte de seus partícipes, sua não adesão ao projeto ALCA. Essa matéria também está discutida em outras seções deste livro. Mencione-se, apenas, os dois mais relevantes aspectos negativos de ALCA. Um deles consiste no fato de que as discriminações de protecionismo unilateral, por parte dos EUA, combinadamente com a falácia das reciprocidades puramente formais, de que só se poderão beneficiar os EUA, em detrimento dos latino-americanos, tornam esse projeto extremamente contrário aos interesses destes últimos. O outro aspecto negativo de ALCA decorre do fato de que, independentemente das barreiras não-aduaneiras, a supressão destas inviabilizaria Mercosul, que tem como uma de suas características centrais a preservação de uma tarifa aduaneira comum.

Os itens 4 e 5 da precedente enumeração de medidas internacionais indispensáveis não requerem, por sua obviedade, maiores justificações, Mercosul não poderá ajustar um amplo convênio de comércio com a União Européia enquanto esta mantiver seu protecionismo agrícola. Tal impedimento, todavia, não justifica que não se intentem entendimentos de outra ordem, de comum interesse para ambos os lados, notadamente para o fim de contribuir para fortalecer as tendências ao multilateralismo internacional.

A existência, entre países como Brasil, China, Índia e Rússia, a despeito de óbvias diferenças, de interesses internacionais comuns, derivados do fato de todos serem países emergentes de dimensões semicontinentais, requer entendimentos que conduzam à proteção desses interesses comuns.

O sexto requisito internacional da precedente enumeração demanda breve comentário. Trata-se, em última análise, de se lograr um entendimento mais esclarecido dos interesses bilaterais no relacionamento do Brasil com os EUA. Até o presente, esse relacionamento obedeceu exclusivamente à lógica do mercado, marcada pela assimetria existente entre os dois países. Uma esclarecida atuação brasileira poderá conduzir à evidenciação de que, em troca de seletivo acesso ao grande mercado brasileiro por parte de apropriadas empresas americanas, estas, no interesse de ambas as partes, deverão dar correspondente contribuição tecnológica e exportadora para o Brasil.

3. FORÇAS ARMADAS

As considerações precedentes conduzem, por um lado, à constatação de que os principais riscos a que está presentemente sujeito o Brasil, em termos de sua defesa nacional, não são militares mas de caráter econômico-financeiro, tecnológico e político. Por outro lado, entretanto, salientou-se como, por serem remotos os riscos militares e por se ter defrontado o país, no curso dos últimos anos, com severas restrições orçamentárias, as Forças Armadas brasileiras ficaram perigosamente debilitadas.

Dentro de uma visão realista dos riscos e do que seja desejavelmente exeqüível, em termos de reaparelhamento de nossas Forças Armadas, a conclusão que se pode extrair é no sentido de que o Brasil deve se dotar de um sistema militar compatível com seu atual nível de desenvolvimento econômico-tecnológico, que o situa como oitavo do mundo. Sem intentar uma classificação comparativa do nível de nossas Forças Armadas, relativamente ao mundo, é consensual o fato de que está longe de ocupar o oitavo lugar e se situa em nível muito inferior ao de países de menor desenvolvimento e de menores recursos, como Cuba, neste hemisfério, ou Turquia, em outro.

Guardada, como referência parametral, a correlação entre nível de desenvolvimento econômico-tecnológico e nível de capacidade militar, o que efetivamente importa é dotar nossas Forças Armadas de condições de enfrentar satisfatoriamente os riscos militares precedentemente mencionados. São riscos que se referem à possibilidade, não desprezível, de terceiras potências se inserirem, de alguma forma, em países vizinhos do Brasil e assim poderem exercer uma ação intimidadora, eventualmente conversível em agressão militar. Riscos dessa natureza são observáveis no caso da Colômbia.

A questão do reaparelhamento de nosso sistema de defesa militar apresenta dois principais aspectos: o de recursos adicionais e do mais seletivo emprego de tais recursos. Como tudo o que se refere à possibilidade de exercício, pela União, de atividades não rotineiras, o que está em jogo, essencialmente, é a adoção de um modelo econômico alternativo ao atual, apto a gerar importantes recursos livres, que possam ser aplicados em projetos prioritários. Essa matéria é discutida nas seções I e IV do presente livro.

Partindo do pressuposto que se logre, com a possível celeridade armar, alternativamente, um modelo econômico desenvolvimentista e se processe, de forma conveniente, a transição do atual para o novo, o que importa é a formulação de um novo projeto militar para o Brasil. Compete ao Ministério da Defesa e a seus órgãos especializados iniciar, desde agora, os estudos necessários para a formulação, em termos exeqüíveis, desse novo projeto. Para os fins de planejamento não se necessita de novos recursos orçamentários. Necessita-se, apenas, de mobilizar as competências disponíveis, o que deve constituir tarefa prioritária do novo ministro da Defesa do governo Lula.

Ultrapassaria os limites deste breve estudo intentar, ainda que sumariamente, o delineamento do que devesse ser uma exeqüível futura política de defesa militar para o Brasil. Caberia, não obstante, mencionar alguns dos mais importantes requisitos que devam ser atentados por um razoável sistema militar brasileiro. Esses requisitos podem ser enunciados da seguinte forma:

(1) Prioridade para a defesa aero-naval, com ênfase em submersíveis e em foguetes terra-ar e terra-mar;
(2) Profissionalização das Forças Armadas, de sorte a se reduzir significativamente seus aspectos quantitativos, em proveito dos qualitativos;
(3) Ocupação de posições estratégicas nas grandes áreas desabitadas da Amazônia e do Centro-Oeste;
(4) Alta prioridade para a produção nacional de material de guerra;
(5) Manutenção e ampliação do regime e recrutamento da juventude para serviço militar obrigatório, não predominantemente para fins e defesa – de que se incumbirão os militares profissionais – mas para fins de educação cívica.

Como em relação a precedentes enumerações, a acima apresentada é bastante auto-evidente. A prioridade para a defesa aero-naval responde às características das atuais modalidades de agressão militar. Sem pretensão de alcançar um nível satisfatório de defesa aero-naval, que exigiria recursos incomparavelmente superiores aos que possam vir a ser disponíveis, um significativo incremento de nossa capacidade, nessa questão, é necessária e possível. Uma das prioridade é a retomada, ativamente, do projeto, já em estágio avançado, de um submarino nuclear de fabricação brasileira. A formação de uma boa frota submarina constitui a melhor defesa de nossas costas. Da mesma forma, a disponibilidade de foguetes terra-ar e terra-mar, montados em instalações móveis, de difícil localização prévia, representa a melhor defesa de nosso espaço aéreo.

A profissionalização dos militares, já praticamente realizada na Marinha e na Aeronáutica, corresponde a uma prática adotada pelas grandes potências. Permite a formação de um sistema militar de alta tecnologia, com um restrito contingente de pessoas bem treinadas e pagas. A profissionalização militar não deve, entretanto, excluir o recrutamento militar obrigatório da juventude, cujo principal objetivo é a indispensável educação cívica.

A ocupação de posições estratégicas nas imensas áreas despovoadas da Amazônia e do Centro-Oeste é uma indispensável complementação do sistema de vigilância por radar, ora em avançada fase de implementação. O controle do indevido acesso ao território nacional, através da imensa rede fluvial do norte do país, só pode ser feito por intermédio de postos de fiscalização estrategicamente situados.

Um dos mais importantes itens da precedente enumeração é o que se refere à necessidade de se conferir a mais alta prioridade à produção nacional de nosso equipamento militar. Trata-se de um setor que requer a mais estreita cooperação entre o Estado e a empresa privada nacional. O país já conseguiu importantes avanços na matéria, tanto no que se refere à construção de blindados, como de aeronaves e navios de guerra, além de lançadores de mísseis. Importa, urgentemente, retomar essa política e dar-lhes a maior ampliação permitida pelos recursos disponíveis. A confiabilidade de um sistema de defesa militar depende, totalmente, embora não exclusivamente, da medida em que se baseie em equipamentos de produção nacional. Por outro lado, como o demonstra o exemplo das grandes potências, a indústria bélica é uma das mais importantes, senão a mais importante, dentre as que promovem progresso tecnológico e desenvolvimento geral.

O Brasil não pode aspirar à invulnerabilidade militar, nem pretende ser uma grande potência bélica. O Brasil precisa, simplesmente e urgentemente, ser um país dotado de satisfatória capacidade de responder aos riscos militares efetivamente previsíveis. Isto não ocorre atualmente. Esse objetivo, porém, pode e deve ser alcançado.

IV

UMA SAÍDA PARA O BRASIL

Crise do modelo

A continuada depreciação do real, no curso do segundo semestre de 2002, pôs em cheque o modelo econômico do governo Cardoso, baseado na absoluta prioridade conferida ao princípio das estabilidades, monetária, fiscal e cambial. São diversos os fatores que contribuíram para a depreciação da moeda brasileira, que passou da paridade com o dólar, no início do governo, ao nível de R$ 4,00 por US$ 1,00 em outubro de 2002, para depois se revalorizar discretamente. Um dos principais fatores foi a inquietação do mercado ante a expectativa, que veio a se confirmar, da eleição de Lula, em 27 de outubro e a impressão prevalecente de que o novo governo não seguirá as políticas ortodoxas do governo Fernando Henrique Cardoso. Adicionalmente, ocorreu muita especulação com a moeda e com os papéis brasileiros, cuja exagerada depreciação permite que se os compre em forte baixa, para uma provável futura valorização. Mas, acima de tudo isso, houve uma avaliação pessimista da situação financeira do país.

Observe-se, a esse respeito, o fato de que a exagerada alta do dólar, a partir de julho de 2002, teve efeitos contraditórios, conforme os setores que se considere e, por outro lado, constitui um fenômeno transitório, na medida em que se conserve o regime de câmbio flutuante. Um dólar alto, relativamente ao nível de custos do país, favorece as exportações e, sobretudo, contém, significativamente, as importações, assim gerando elevados superávits comerciais, estimados em US$ 10 bilhões para 2002, os quais reduzem, correspondentemente, o déficit do balanço de pagamentos. Por outro lado, a alta do dólar tem um efeito negativo sobre os preços domésticos, proporcional à margem de produtos importados na oferta de bens e serviços e acarreta, sobretudo, o encarecimento das obrigações públicas e privadas liquidáveis em dólar ou a este indexadas.

Os efeitos favoráveis da alta do dólar, relativamente ao balanço de pagamentos, que poderiam, no limite, convertê-lo em superavitário, não podem, entretanto, ser concebidos como uma solução duradoura. Na medida em que se conserve o regime de câmbio flutuante, essa alta tem necessariamente um caráter temporário. Cessará quando acabarem as apreensões do mercado que motivaram excessiva procura de dólares. E cessará, a mais longo prazo, pela gradual elevação do nível doméstico de preços. Um dólar deliberadamente alto só se pode manter estavelmente em um regime de câmbio controlado pelo Banco Central. Em tal caso, entretanto, não se recomenda manter o dólar deliberadamente alto, sendo preferível para o Banco Central submeter a um regime de prioridades nacionais o acesso às divisas.

Voltando-se à análise da presente situação brasileira observa-se que ela se caracteriza, no que se refere ao exterior, por uma dupla dependência. Dependência, no próprio território nacional, pelo fato de que 47% das 500 maiores empresas domiciliadas no Brasil são controladas pelo capital estrangeiro. Tal situação não decorreu da criação de novos empreendimentos mas, simplesmente, da aquisição, por grandes grupos forâneos, do controle das empresas públicas privatizadas e de empresas privadas antes sob controle de capital nacional. Tampouco se caracterizou esse processo de alienação de empresas pela introdução de importantes inovações tecnológicas ou por significativo incremento de nossas exportações.

O processo se reduziu a sua dimensão financeira. Dispondo de grande massa de recursos próprios e de acesso a financiamentos, no exterior, a juros extremamente baixos, esses grupos se valeram da indigência de recursos do Estado brasileiro para comprar-lhe suas empresas e da inviabilidade do financiamento em moeda nacional, a juros de mais de 20%, para comprar os ativos privados. Se, em alguns casos, a alienação dessas empresas elevou seu nível de produção, em todos fez de sorte a que um sistema produtivo que gera lucros em moeda nacional, os converta, para fins de remessa, em moeda estrangeira, com graves efeitos na nossa balança de pagamentos. Registre-se o fato de que a indigência do Estado e a inviabilidade de financiamentos domésticos são, elas próprias, decorrência do atual modelo.

O segundo, e ainda mais sério aspecto de nossa dependência externa, foi precedentemente mencionado e se refere aos déficits em transações correntes e à cada vez mais difícil rolagem da dívida externa.

O núcleo da crise é a excessiva dependência brasileira de financiamentos externos. Para compensar os déficits em transações correntes o país necessita do ingresso anual de montantes da ordem de US$ 20 bilhões e, para rolar a dívida externa, de US$ 30 bilhões, o que totaliza uma soma quase igual à das exportações brasileira. A rolagem da dívida, por outro lado, num contexto internacional de estagnação econômica e de falta de confiança no Brasil, está exigindo juros intoleráveis, da ordem de 25%. Por outro lado, para atrair capitais estrangeiros, o país vem mantendo taxas elevadíssimas de juros, da ordem de 20%, o que conduz ao estrangulamento financeiro da União. Embora esta arrecade algo como 16% do PIB, o peso dos juros representa 35% da arrecadação, com o agravamento dos déficits da Previdência, da ordem de 1% do PIB.

Ainda que o empréstimo de US$ 30 bilhões pelo FMI alivie a situação cambial, trata-se de algo de curto prazo, que não corrige desequilíbrios estruturais. O resultado é a continuação da geral estagnação dos últimos anos, tanto do setor público como do privado, que levou o PIB do país, no período, a irrisória taxa de crescimento anual de menos 2%.

Solução ortodoxa

Confrontando o país com essa situação, nele se formaram duas distintas propostas de solução que, para facilidade, serão designadas de ortodoxa e heterodoxa. Pedro Malan e Armínio Fraga sustentam, dentro da linha ortodoxa, que a crise é administrável, tanto no que se refere à situação cambial como no que diz respeito à dívida interna. No que se refere à crise cambial, observam que as inquietudes do mercado desaparecerão a partir do momento em que o novo governo der garantias de que respeitará todos os compromissos internacionais, sendo designados, para os cargos-chave, personalidades que inspirem confiança por sua competência, idoneidade e ortodoxia econômica. Em tal situação, a taxa cambial se reaproximará da vigente antes da crise, o crédito internacional se restabelecerá, a taxa do risco Brasil voltará a seu nível anterior e, assim também, os juros para a rolagem da dívida e eventuais novos empréstimos. Acrescentam os ortodoxos que, mantidas as políticas que vinham sendo adotadas, haverá, no curso do tempo, uma significativa redução do déficit em transações correntes, que já vinha sendo declinante e passará a sê-lo ainda mais com os previstos estímulos à exportação e incremento do saldo comercial.

Salientam os ortodoxos, por outro lado, que a normalização cambial e os crescentes saldos da balança de comércio permitirão uma redução dos juros domésticos, com decorrente liberação de vultosos recursos da União, aplicáveis em projetos prioritários e a concomitante dinamização da economia privada.

Solução heterodoxa

Economistas da linha heterodoxa, como João Paulo de Almeida Magalhães, Paulo Nogueira Batista e outros, contestam a procedência da solução ortodoxa, tanto no que se refere a algumas de suas pressuposições como no que diz respeito à questão dos prazos. Alegam esses economistas, no que se refere às suposições, que as dúvidas do mercado a respeito da orientação do futuro governo são apenas um fator agravante de outra dúvida mais séria, relativa à capacidade de o país manter seus compromissos, ainda que desejando fazê-lo. Embora o futuro governo venha a dar todas as garantias de respeito às obrigações do país, configurou-se para o Brasil uma situação, agravada pela atual crise, de insolvabilidade internacional. Persistirá elevada a taxa do risco Brasil e, com ela, juros intoleráveis para a rolagem da dívida e escassos recursos novos para saldar o déficit de transações correntes.

No que se refere a prazos, os heterodoxos sustentam que os prazos para a provável ocorrência de insolúvel crise cambial e de gravíssima crise social são extremamente curtos, devendo tais crises assumirem caráter explosivo na primeira metade do próximo quadriênio, enquanto as soluções ortodoxas, na medida em que se revelarem viáveis, só se fariam sentir a prazo mais longo.

Ante tal situação, os heterodoxos consideram que a solução para a crise consiste em se desfazer, rapidamente, o nó górdio cambial, o que permitirá, por um lado, um grande desafogo nas contas da União, liberando vultosos recursos para projetos prioritários e, por outro, dinamizará a economia privada, efeitos esses que permitirão um acelerado e significativo crescimento do PIB.

Na medida em que o país não necessite mais de vultosos capitais estrangeiros para saldar déficits em transações correntes, as taxas de juros domésticos poderão ser significativamente reduzidas, com os efeitos precedentemente mencionados. Para obter tal resultado, importa se adotar um regime de controle do câmbio pelo Banco Central, combinadamente com uma política de estricto cumprimento dos compromissos internacionais do país e com as mais enérgicas medidas de expansão das exportações e de substituição de importações. De acordo com esse modelo, o Banco Central reduzirá significativamente as divisas disponíveis para importações não essenciais, submetendo-as a leiloamento. Os montantes desviados das importações não essenciais servirão para compensar os déficits de transações correntes, reduzindo correspondentemente a demanda de capitais estrangeiros. Esse modelo tem em vista elevar, substancialmente, nossa margem de autosuficiência para, como tem recomendado o eminente economista Aldo Ferrer, *vivir con lo nuestro*.

É certo que serão consideráveis as pressões externas contra a adoção pelo Brasil, ainda que a título temporário, de um modelo econômico autonomizante. É certo, igualmente, que tal modelo exercerá um sensível efeito restritivo com relação aos hábitos de consumo dos setores mais afluentes da população. O que mais importa, entretanto, é a medida em que a opinião pública, inclusive a internacional, seja levada a compreender que a deliberada e tempestiva adoção de um modelo econômico autonomizante constitui a única saída racional e equânime para o impasse brasileiro.

A recuperação de nossa solvabilidade internacional interessa a todos, ainda que as medidas para tal necessárias tenham efeitos restritivos a curto e médio prazos. Com efeito, não interessa aos capitais estrangeiros investidos no Brasil a imprudente manutenção do atual modelo econômico até o momento de seu colapso, o que tenderá a ocorrer no próximo quadriênio. É preferível, para esses investidores, a tempestiva reformulação desse modelo, gerando um período de controlada transição, até serem asseguradas condições de equilíbrio estável a nossas transações correntes. O mesmo cabe dizer, de um modo geral, no que se refere ao sistema financeiro internacional.

Alternativas

Escapa aos propósitos das presentes considerações, que se situam num plano macro-sociológico, qualquer intento de arbitrar teoricamente entre as duas linhas de solução precedentemente enunciadas. A linha ortodoxa tem a seu favor a concordância do mercado, dos bancos, das agências internacionais e dos governos ocidentais. É uma linha não conflitante. A questão, a respeito da mesma, é a de sua viabilidade e tempestividade. A linha heterodoxa é altamente conflitante mas tem a seu favor duas ordens de considerações: por um lado, se corretamente aplicada, ela é eficaz, embora implique em altos custos. Por outro lado, se os prazos das crises cambial e social forem, como sustentam os heterodoxos, extremamente curtos, essa linha resulta ser a única possível.

O que está em jogo, vista a questão em seu âmbito mais amplo, é o de se saber se a crise brasileira é solúvel dentro de uma ortodoxa economia de mercado ou se requer, ainda que a título temporário, mas a prazo não necessariamente muito curto, soluções conflitantes com o mercado. A lógica do mercado não comporta soluções preventivas. Impõe suas regras até o momento de colapso. Somente então, ante o fato consumado do *default* ou de crises sociais de grandes proporções, aceita soluções heterodoxas, simplesmente porque as ortodoxas se tornaram materialmente inaplicáveis.

No caso brasileiro, as duas questões cruciais são, por um lado, a medida em que a crise cambial seja superável pela linha ortodoxa e, por outro, a medida em que as imensas e crescentes pressões sociais sejam compatíveis com uma relativamente longa prorrogação da estagnação econômica do país, com sua correspondente taxa de desemprego, e com a manutenção dos bolsões de ignorância e miséria, com seu correlato de uma criminalidade cada vez mais incontrolável.

A grave crise cambial que ameaça o país e poderá conduzi-lo a uma situação de *default*, a relativamente curto prazo, resulta de uma perversa retroalimentação entre sua excessiva dependências do sistema financeiro internacional e o efeito auto-realizável de expectativas de um futuro *default*, por parte desse mesmo sistema financeiro internacional. As expectativas de *default* elevam, astronomicamente, os juros de rolagem da dívida e inibem o ingresso de capitais novos. Tal situação conduz, necessariamente, a um *default*.

A linha ortodoxa só conseguirá prevalecer se lograr, ao mesmo tempo, a obtenção de vultosos créditos internacionais, que desfaçam as expectativas de *default* a relativamente curto prazo, e uma significativa redução da dependência financeira externa do país, por correspondente elevação de seus saldos na balança comercial, voltando a atrair novas inversões estrangeiras reprodutivas e recuperando o crédito internacional.

Esse cenário é possível e justificaria, financeiramente, a linha ortodoxa, embora continuassem sem solução os problemas relacionados com a crise social e com os efeitos de excessiva dependência externa. No plano puramente financeiro, entretanto, cabe observar que a viabilidade da solução ortodoxa depende, de início, da garantia de créditos adicionais aos US$ 30 bilhões já concedidos pelo FMI. Corresponde aos dois últimos meses do governo Fernando Henrique Cardoso e, bem assim, às posições que adote o presidente eleito, ainda antes e logo depois de sua posse, a possibilidade de intentar obter essa cobertura cambial, sem a qual a solução ortodoxa perderá desde logo sua viabilidade. Cabe observar, a esse respeito, que tal situação é perfeitamente demonstrável ao sistema financeiro internacional, o que servirá para provar se o interesse que este possa ter pela solução ortodoxa o levará, ou não (como é mais provável), à correspondente concessão da necessária cobertura cambial.

A discussão da solução ortodoxa requereria, ainda, diversas outras considerações, notadamente no que se refere, por um lado, à crise social brasileira e, por outro, à questão da preservação de satisfatória margem de autonomia nacional. Uma apropriada abordagem dessas questões ultrapassaria as dimensões deste breve estudo. Mencione-se, apenas, a questão da crise social brasileira e, nesta, a necessidade de se distinguir seus aspectos de longo dos de curto prazo. Somente a longo prazo, como é evidente, o Brasil poderá modificar substancialmente seu atual perfil social. Tal fato não exclui o imperativo de se dar, o mais urgentemente possível, início às medidas que conduzam à efetiva erradicação dos bolsões de ignorância e miséria. Isto não obstante, o problema que se apresenta, a curto prazo, é o de uma satisfatória inversão das expectativas, notadamente com relação à população jovem dos setores desses bolsões nas favelas metropolitanas. Essa população, destituída de qualquer expectativa de condições razoáveis de vida, se inclina para o narcotráfico e tende a se constituir em exército de reserva do crime, elevando este a um nível que supera a capacidade do sistema policial. Somente um grande programa social, cuja credibilidade seja confirmada pela disponibilidade de vultosos recursos, combinadamente com outras medidas, poderá reverter, a curto prazo, essas expectativas. A linha ortodoxa ignora, completamente, esse aspecto da crise brasileira e não poderá encaminhar sua solução se permanecer restrita ao plano financeiro, ainda que neste viesse a ser exitosa.

Novo modelo

A linha heterodoxa preconiza a adoção de um novo modelo econômico que reduza, rapidamente, em apreciável escala, nossa dependência financeira externa, libere vultosos recursos federais para projetos prioritários, dinamize a economia privada, conduzindo a um significativo incremento da taxa de crescimento do PIB e enfrente, decisivamente, o problema social brasileiro.

Escaparia aos propósitos das presentes considerações a formulação de um modelo alternativo ao atual. Baste mencionar os requisitos fundamentais que terão de ser atendidos por tal modelo. Esses requisitos, em última análise, são os necessários para que o país reduza, rápida e significativamente, sua excessiva dependência do sistema financeiro internacional. Isto importa nas seguintes principais medidas:

(1) Rápida e crescente redução da necessidade de ingresso de capitais estrangeiros para saldar déficits do balanço de pagamentos;

(2) Ajustamento da demanda doméstica de divisas às possibilidades para tal alocáveis;

(3) Ajustamento da rolagem da dívida externa a condições que não a incrementem, incluída a redução dos juros internacionais a taxas toleráveis;

(4) Substituição do regime de arbitrário ingresso de capitais forâneos – com os negativos efeitos cambiais da remessa de lucros – por um regime de seletivos acordos de investimento, em que os benefícios destes compensem, significativamente, seu custo cambial;

(5) Adoção de medidas que ajustem os capitais estrangeiros investidos no Brasil às diretrizes de uma nova política nacional de desenvolvimento, notadamente no concernente a um forte incremento das exportações;

(6) Significativa redução da taxa de juros, e dos déficits da Previdência, para permitir a formação de importantes recursos disponíveis da União para projetos prioritários, notadamente no campo social e para a dinamização do setor privado.

O atendimento dos requisitos precedentemente enumerados pode ser alcançado de diversas maneiras. Importa, entretanto, que o novo modelo satisfaça as três seguintes principais condições:

(I) Adoção de um regime que reduza, significativamente, nossas importações. Esse resultado pode ser obtido por diversos modos. Entre estes: temporária elevação do dólar, significativa elevação das tarifas ou, ainda, controle do câmbio pelo Banco Central, se lhe conferindo a atribuição de alocar as divisas disponíveis de acordo com as prioridades do interesse nacional.

A mais drástica medida mas, também, a única viável em situação de crise cambial, é o temporário controle do câmbio pelo Banco Central, medida essa que democracias européias, em correspondente situação de crise, já adotaram. Uma medida dessa ordem requer muitas exigências prévias e, por outro lado, produz tanto resultados favoráveis quanto desfavoráveis.

Entre as diversas exigências prévias de tal medida sobressaem as relacionadas com um amplo estudo do comércio exterior do país, visando a determinar suas importações prioritárias e, por outro lado, um realista levantamento da capacidade disponível de substituição de importações. Somente com base em tais dados será possível estabelecer um seletivo regime de prioridades para acesso às divisas disponíveis do país. Note-se que um dos objetivos que se tem em vista é o de assegurar um satisfatório montante de divisas para reduzir a excessiva dependência brasileira de financiamentos externos, mas continuar honrando os compromissos externos.

Entre os efeitos positivos de tal medida destaca-se a redução da demanda de ingressos financeiros do exterior para equilibrar nossas transações correntes. A margem de substituição de financiamentos externos por divisas próprias dependerá, entre outros fatores, da capacidade de substituição de importações de que disponha o país. Observe-se que esse regime tende a incrementar, a relativamente curto prazo, essa margem. Se, concomitantemente, o país lograr elevar significativamente suas exportações, poder-se-á chegar, no limite, a uma situação de superávits no balanço de pagamentos. A redução da dependências de financiamento externo permitirá, se se contiver em baixo nível a inflação, significativa redução da taxa doméstica de juros, com a decorrente formação de vultosos recursos da União, aplicáveis em projetos prioritários. Proporcionará, igualmente, condições favoráveis para a atividade privada, conduzindo a taxas mais elevadas de crescimento do PIB. Todos esses efeitos reduzirão, substancialmente, o "risco Brasil" e, no limite, o eliminarão.

Entre os efeitos negativos dessa medida destacam-se, particularmente, os cinco seguintes:

(1) protestos do sistema financeiro internacional, que acionará a OMC contra o Brasil;
(2) cancelamento temporário dos créditos externos do país, notadamente para suas exportações;
(3) suspensão temporária de inversões estrangeiras no Brasil;
(4) encarecimento de determinados produtos, ou porque sua importação, em regime de leiloamento de divisas, fique substancialmente mais cara, ou porque o similar nacional resulte também mais caro e
(5) riscos de incorreções, na fixação das pautas de prioridade e de corrupção, na alocação de divisas.

Os efeitos negativos acima enumerados não são, entretanto, incontornáveis. Com efeito, na medida em que o regime de controle cambial pelo Banco Central venha a assegurar o adequado atendimento, pelo país, de suas obrigações externas, assegurando o pagamento de seus débitos, o sistema financeiro internacional será compelido a reconhecer que esse controle cambial é o que precisamente garante o pagamento dos credores externos e assim sustar seus protestos. O cancelamento temporário de créditos externos tenderá a cessar, quando se reconheça que o regime de controle cambial é, justamente, o que elimina o risco Brasil. Entretanto, a liberação de recursos domésticos resultante da redução dos juros permitirá financiar, em reais, as exportações brasileiras. A suspensão temporária de inversões estrangeiras terá caráter duradouro com relação aos capitais especulativos. Mas estes serão, precisamente, os que esse regime tornará dispensáveis ou mesmo indesejáveis. Os investimentos com fins reprodutivos, na medida em que se acelere o crescimento econômico do país, voltarão a se interessar por ele. O encarecimento de certos produtos é um efeito inevitável. Se, entretanto, a capacidade brasileira de substituição de importações for elevada, como deverá ocorrer, esse efeito será pouco significativo. Toda a questão se concentrará na medida em que o país consiga manter baixa sua taxa de inflação, ainda que um pouco mais elevada do que a que prevaleceu no último quadriênio. A última questão invocada, a de incorreções na fixação das prioridades ou a de corrupção, dependerá da seriedade e transparência com que se estabeleçam as prioridades e de adequada fiscalização da prática cambial. Cabe mencionar, a esse respeito, o fato de que o Banco Central goza, merecidamente, de alto conceito ético e não há porque se supor venha a perder seus bons padrões de conduta. As possibilidades de corrupção, por parte de funcionários do Banco Central, já existem amplamente, nas condições atuais e, simplesmente, se não são agora praticadas, não há porque supor virão a sê-lo futuramente;

(II) Elaboração e vigorosa execução de um novo projeto nacional de desenvolvimento, que maximize nossa capacidade de substituição competitiva de importações, gere importante volume de novas exportações, conduza a significativa elevação das inversões e assegure satisfatória margem de controle nacional sobre a economia do país e permita a execução de grandes projetos sociais, encaminhados para a erradicação dos bolsões de ignorância e miséria.

Um novo projeto de desenvolvimento nacional requer uma reformulação, realisticamente ajustada às condições contemporâneas, do exitoso nacional-desenvolvimentismo das décadas de 1950 a 1970. O fenômeno da globalização, que já se fazia sentir, incipientemente, naquelas décadas adquiriu, atualmente, enormes proporções. Isto não significa, entretanto, como sustenta a ideologia neoliberal, que o Estado Nacional tenha ficado necessariamente reduzido às proporções de mero fiscalizador do mercado e dos contratos privados. É a aceitação da ideologia neoliberal que leva a tal posição e a isso se deve a estagnação brasileira e latino-americana das duas últimas décadas. Países como China e Índia, com distintos regimes políticos, mas semelhante condição semicontinental, como ocorre com o Brasil, têm exitosamente realizado um desenvolvimentismo atualizado. Esse neodesenvolvimentismo leva em conta as realidades dos mercados doméstico e internacional, mas as administra de modo favorável à preservação de margens satisfatórias de autonomia nacional e de elevadas taxas de desenvolvimento, dentro de um profundo sentido social.

Estão em jogo, em última análise, três grandes exigências: (1) elaboração de um grande projeto nacional de desenvolvimento, baseado em competentes planos indicativos, à moda da França e de recursos e condições apropriados; (2) mobilização da consciência nacional a favor de tal projeto e no sentido de desmistificar, doméstica e internacionalmente, a contrapropaganda neoliberal que procurará sabotá-lo e (3) adoção de um modelo econômico, como se tem reiterado neste estudo, apto a liberar vultosos recursos públicos e privados para tal empreendimento e para uma substancial modificação do perfil social do país.

São muitas e difíceis as condições necessárias para que tal projeto venha a ser exitosamente executado. Em síntese, porém, podem ser reduzidas a três requisitos fundamentais: (1) formação de uma grande vontade nacional de desenvolvimento social e econômico-tecnológico, gerando um consenso básico a respeito das grandes metas a serem atingidas pelo país; (2) profunda reforma político-institucional, acabando com o miserável clientelismo político vigente e instituindo um sistema político dotado de efetiva representatividade popular e de elevada taxa de governabilidade e (3) instituição de um novo modelo econômico que, a partir de um regime de elevada autonomia nacional, de baixas taxas de juros, de estricto equilíbrio financeiro da Previdência, de rigorosa seletividade da despesa pública e da dinamização da iniciativa privada, libere vultosos recursos públicos e privados para custear um grande projeto de desenvolvimento social e econômico-tecnológico. Não é necessário se adotar o regime político da China para se lograr as altas e continuadas taxas de desenvolvimento que aquele país vem logrando, de 10% ao ano, nas duas décadas dirigidas por Deng Xiaoping, e de mais de 7% ao ano, no período subsequente. O necessário é dar atendimento aos três requisitos precedentemente enunciados: (1) vontade e consenso nacionais; (2) representatividade e governabilidade e (3) um modelo econômico liberador de vultosos recursos para inversões prioritárias.

> (III) Execução de uma nova política de exportação, induzindo as multinacionais com filiais no Brasil a exportar para os grandes mercados mundiais, a que até agora não têm acesso, criando-se, por iniciativa do Estado, mas em cooperação com a iniciativa privada, grandes *tradings* de exportação e se adotando, domesticamente, um regime fiscal e de financiamento fortemente incentivador da exportação.

Não basta o controle cambial pelo Banco Central para liberar o país de sua atual excessiva dependência do sistema financeiro internacional. Tal controle, inicialmente indispensável, deve ser concebido como medida temporária, até quando se logre satisfatório equilíbrio nas transações internacionais. O equilíbrio depende, por um lado, de elevado crescimento da capacidade de substituição competitiva de importações e, por outro, de não menos elevada capacidade de exportação, notadamente de produtos de alto valor agregado.

O incremento da capacidade exportadora do Brasil tem sido objeto de inúmeros estudos e declarações, freqüentemente tendentes a sobrevalorizar os aspectos burocráticos da questão, como a criação de um Ministério da Exportação. Sem entrar em detalhes que ultrapassariam as dimensões deste breve estudo, saliente-se que, no fundamental, as exportações estão submetidas a dois regimes distintos: as que decorrem da demanda externa e as que provêm da criação, pelo país exportador, de tal demanda.

De um modo geral as *commodities*, que constituem o núcleo das exportações brasileiras, são objeto de demanda externa. São produtos que nos são importados, mais do que por nós exportados. Os produtos de alto valor agregado, entretanto, obedecem a uma lógica diferente. Cabe ao exportador suscitar, nos centros importadores, a demanda de tais produtos, sem prejuízo, evidentemente, dos aspectos que se referem à qualidade e competitividade dos mesmos. Esse papel é desempenhado pelas empresas multinacionais, que operam como centros de demanda de produtos de suas matrizes e se empenham em distribuí-los pelo país em que estabeleceram suas filiais. Papel semelhante é exercido pelas grandes *tradings* de exportação, que recebem os produtos de seu país de origem e organizam, nos países em que se instalam, redes de absorção de tais produtos.

Cabe ao Brasil seguir essa lógica. Importa, por um lado, uma reformulação de nossa política em relação aos investimentos reprodutivos estrangeiros. Para um país como o Brasil não é mais verdade que qualquer investimento estrangeiro reprodutivo contribua para nosso desenvolvimento. Flagrante prova disso se encontra no fato de que algo como US$ 150 bilhões foram investidos no Brasil, na última década, sem que o país lograsse uma taxa minimamente aceitável de crescimento econômico. Investimento estrangeiro que produz lucros em reais para remetê-los em dólares ostenta esse inegável aspecto negativo. Quando tais investimentos, como ocorreu no Brasil, sejam meros substitutos de empreendimentos preexistentes, que apenas mudam de propriedade, o resultado final é negativo.

Os investimentos estrangeiros reprodutivos que interessam ao Brasil são os que, ou bem introduzem importante margem de progresso tecnológico ou contribuem, significativamente, para as exportações, notadamente de alto valor agregado. O Brasil necessita reformular, na forma indicada, sua política relativamente às inversões estrangeiras. E necessita, no que se refere às existentes, entrar em entendimentos com tais empresas no sentido de que passem a contribuir para um importante aumento de nossas exportações. Para esse efeito, importará criar convenientes medidas de estímulo e de desestímulo.

Ademais de nova política em relação ao investimento estrangeiro, o Brasil precisa, inclusive em cooperação com tais investimentos, criar grandes "tradings" de exportação. A matéria é complexa e envolve múltiplos aspectos, desde adequado conhecimento dos mercados externos, até a formação de quadros competentes, seleção de produtos competitivos e mobilização de importantes recursos, para sustentar períodos de implantação do sistema que requerem bastante tempo e no curso dos quais as empresas operam deficitariamente. Trata-se, porém, de algo que é imperativo fazer. De algo que, como as demais medidas precedentemente enunciadas, requer a implantação de um novo modelo econômico, apto a liberar vultosos recursos.

A adoção desse novo modelo e sua satisfatória implementação conduzirão o país, no curso das duas próximas décadas, a erradicar seus bolsões de ignorância e miséria, alcançando um desenvolvimento social equivalente ao atual da Espanha e um desenvolvimento científico-tecnológico correspondente ao atual da Itália. Nessas condições, o país assegurará, satisfatoriamente, a margem de autonomia nacional de que necessitará para conservar sua identidade nacional e sua independência, no curso do século que ora se inicia.

Crucial, para tanto, é a elaboração de um modelo econômico alternativo tecnicamente correto e politicamente bem respaldado. O governo Lula, que dirigirá o Brasil no quadriênio 2003-2006, dispõe de todas as condições para mobilizar um grande e ativo apoio popular. O de que se precisa é, transpartidariamente, da mais alta competência técnica para formular o novo modelo econômico e dirigir a transição do atual para o novo modelo.

IMPRESSÃO E ACABAMENTO:
YANGRAF Fone/Fax: 6198.1788

de que passem a contribuir para um importante aumento de nossas exportações. Para esse efeito, importará criar convenientes medidas de estímulo e de desestímulo.

Ademais de nova política em relação ao investimento estrangeiro, o Brasil precisa, inclusive em cooperação com tais investimentos, criar grandes "tradings" de exportação. A matéria é complexa e envolve múltiplos aspectos, desde adequado conhecimento dos mercados externos, até a formação de quadros competentes, seleção de produtos competitivos e mobilização de importantes recursos, para sustentar períodos de implantação do sistema que requerem bastante tempo e no curso dos quais as empresas operam deficitariamente. Trata-se, porém, de algo que é imperativo fazer. De algo que, como as demais medidas precedentemente enunciadas, requer a implantação de um novo modelo econômico, apto a liberar vultosos recursos.

A adoção desse novo modelo e sua satisfatória implementação conduzirão o país, no curso das duas próximas décadas, a erradicar seus bolsões de ignorância e miséria, alcançando um desenvolvimento social equivalente ao atual da Espanha e um desenvolvimento científico-tecnológico correspondente ao atual da Itália. Nessas condições, o país assegurará, satisfatoriamente, a margem de autonomia nacional de que necessitará para conservar sua identidade nacional e sua independência, no curso do século que ora se inicia.

Crucial, para tanto, é a elaboração de um modelo econômico alternativo tecnicamente correto e politicamente bem respaldado. O governo Lula, que dirigirá o Brasil no quadriênio 2003-2006, dispõe de todas as condições para mobilizar um grande e ativo apoio popular. O de que se precisa é, transpartidariamente, da mais alta competência técnica para formular o novo modelo econômico e dirigir a transição do atual para o novo modelo.

IMPRESSÃO E ACABAMENTO:
YANGRAF Fone/Fax: 6198.1788